文化と
まちづくり
叢書

市民がつくる、
わがまちの誇り

シビック・プライド政策の理論と実際

松下 啓一 =著

水曜社

はじめに

　最初に、本書を書こうと思った動機を紹介しておこう。

　地方自治を取り巻く状況は、ますます厳しさを増している。超高齢化の進展等で、社会保障費は、毎年、増加の一途をたどっている。地震、津波、河川の氾濫などの自然災害の発生は毎年のこととなり、新型コロナウイルスなどといった想定外の事態も、次から次に起こってくる。

　それに立ち向かう自治体の資源のうち、財源である税収は、もはや大きな増加は望めない。人的資源である自治体職員も、減らされることはあっても、増員は期待できないだろう。増加する困難を極める仕事と減少し不足する資源の間で、自治体は苦闘し、打開策を模索していかなければいけない。

　こうしたなかで、自治体に残されたほとんど唯一の資源は、市民の力である。シビック・プライドは、まちや地域に対する市民の愛着、誇り、共感といった思いを梃子に、市民もまちの当事者として、行政、議会、市民が、いわばワンチームとなって、すみよいまちを創っていこうという概念である。

　あまりよい例ではないが、フランス革命でできた国民国家フランスは、戦争にめっぽう強かった。革命に危機感をいだいてフランスに介入した他国の軍隊は、市民や農民からなる軍隊に負け続けた。その強さの秘密は、ナポレオンが戦争上手だったこともあるが、ナショナリズムに基づく連帯感である。つまり、フランスは自分たちの国であるという当事者性と自分たちの国に対する愛着、誇り、共感という内発力が強い軍隊をつくっていった。

　同じように、市民一人ひとりが、まちに対する思いと当事者性で、次から次にやってくる難局を乗り越えていこうではないか。それを仕組みとしてデザインするのが、シビック・プライド政策である。

シビック・プライドについては、私には、苦い経験がある。今から、10年以上も前、ある市でシティセールス計画の策定委員会があり、その委員長を仰せつかったことがあった。その当時、シティセールスといえば、まちをどう売り出すかに急で、ここのまちでも、強引な名産品づくり、東京の一等地でのイベントといった、全国ワンパターンのシティセールス事業が行われた。

　私は、委員長として、シティセールスは、こうした内実のない、着飾ったまちの売出しではなく、市民一人ひとりのまちへの愛着、誇り、共感といった内発力の育成から始めなければ、本来のシティセールスにならないと強調した。今で言うシビック・プライドの醸成であるが、結局、行政には、私が言う意味は理解してもらえず、前述のワンパターンのシティセールスとなってしまった。

　まちや地域への愛着、誇り、共感は、「今後も、このまちに住み続けたい」（継続居住意向）、「このまちを人にも勧めたい」（他者推奨意向）という行動につながることから、シビック・プライドは、自治体にとって、魅力的なパラダイムだと思う。それゆえ、シビック・プライドに期待するのは、当然のことだと思うが、同時に注意すべきは、シティセールスと同じてつを踏まないことである。

　シビック・プライドにおいて重要なのは、まちへの思いとともに、市民としてまちに関わるという当事者性で、そのための参加や協働に関する本格的な制度や仕組み、そして地道な実践が必要となる。これには、まちの構造を転換するような息の長い取り組みが求められる。

　このような政策としてのシビック・プライドについては、その体系や具体的な政策内容、政策化の道すじ等については、ほとんど明確にされていない。本書では、これらを明らかにすることで、次世代に続く地方自治の再構築に寄与したいと思う。

『市民がつくる、わがまちの誇り』　目　次

Ⅱ. シビック・プライドの政策化

プロローグ
シビック・プライドで何ができるか

愛知県新城市
──全国初の政策を次々に打ち出す

　全国初の政策を次々に打ち出している自治体がある。愛知県新城市である。愛知県の東部、東三河の中央に位置するまちで、「しんしろ」と読む。

　新城市へは、豊橋から飯田線に乗り換え、40分程度で新城駅に着く。飯田線というと、秘境駅で有名であるが、さすがにそれは新城市域を越えてからで、その意味では、新城は、まだ「愛知県」である。

　新城市は、旧新城市、鳳来町、作手村の対等合併によって誕生した町である（平成17年10月1日新設合併）。市域は東西約29.5㎞、南北約27.3㎞で、499.23㎢という広さである。東京23区の面積が627.57㎢なので、東京23区の8割ほどの広さとなる。ただ、市域の84％は山林で、人口は4万7,133人（平成27年国勢調査）である。

　新城市は、2014年には日本創成会議から、消滅可能性都市と名指しされてしまった。いずれ消えてなくなるまちだということである。愛知県には38の市があるが、愛知県の市としては唯一となる。

歴史の転換点にいたまち

　戦国時代、このまちは何度か歴史の転換点に位置している。

　甲州から信濃を制圧した武田軍が、伊那谷沿いに三河に侵略してくるが、これに対する徳川家康や織田信長と衝突するのが、この新城である。

　武田信玄は、破竹の勢いで攻め込み、新城市の南部、野田城の戦いで勝

1　新城市の位置（出所：新城市ホームページより筆者改変）

利するが、病に倒れ、甲斐に帰る途中、むなしく死去することになる。

　その息子、武田勝頼は、武田氏の版図を大きく広げるが、新城市の設楽原の戦いで、織田、徳川の連合軍に大敗し、数騎の味方に守られて、ようやく甲斐に逃げ帰った。その後、武田氏は、一気に滅亡する。

　新城は山の湊と言われている。信州からの荷物は、新城で船に乗り換え豊川を下る。豊橋から川船を使ってやってきた荷物は、ここで馬の背に積み替えられ、信州に向かったという。新城は、陸運と水運の結節点でもある。

　その新城市で、自治を切り開く新しい政策が、次々と提案されている。

若者議会・若者政策

　新城市の若者議会・若者政策は、若者たちに1,000万円の予算提案権を

2　設楽原の決戦場（出所：新城市観光協会ホームページ）

与える政策である。全国初の試みである。

　人口減少、少子高齢化で、若者の負担は、ますます重くなっている。それに反して、若者の出番は、ほとんどない。自治体の各種審議会を見ても、メンバーは中高年ばかりである。選挙においても、若者の思いや声は、なかなか届かない。これはシルバーデモクラシーの問題であるが、たしかに人数も多く、投票率も高い高齢者に焦点をあわせたほうが為政者にとっては合理的行動なのかもしれない。しかし、次の時代の担い手である若者が、まちに対する思いを深め、まちの当事者にならない社会は、続くわけはない。

　この新城市における若者議会・若者政策の発端は、2012年7月、新城市の若者たちが、イギリスのニューカッスル・アポン・タイン市で開催された第8回世界新城アライアンス会議へ参加したことである。世界の「新しい城＝Newcastle（ニューキャッスル）」という意味を持つ名の自治体が集まるこの会議の若者の部に、新城市の若者たち4人が参加した。

　新城市の参加者たちは、当初は、簡単な交流会が行われるくらいだろうと想像していたが、実際に参加してみるとまるで違っていた。世界の同年

代の若者たちが、自分のまちについて、熱く語り合うのである。世界の若者たちが、自分のまちに対する愛着、誇り、共感、そして当事者性を持って論じる熱量に、新城市の若者たちは、すっかり圧倒されてしまった。彼らに比べて、自分たちは、自分の住むまちのことを何も知らない、思いを込めて紹介することもままならない……。

　世界の若者たちに大敗した若者たちは、逃げ帰るように新城市に戻ってきた。その若者たちは、再起をかけて、彼の地で何を感じたか、これからどうしたいかを語りあった。

3　若者議会委員募集ポスター（出所：新城市若者議会ホームページ）

　世界新城アライアンス会議に参加する多くの国には、若者議会というものがあり、若者たちが集まって、自分たちのまちについて考え、行動に移していくことが日常的に行われている。ならば、自分たちもつくろうではないか。彼らは、世界の若者議会を模して、「新城ユースの会」をつくった。これが、新城市で全国初の若者議会・若者政策がつくられる発端の1つである。

市民まちづくり集会

　市民まちづくり集会は、自治基本条例に基づくもので、市民、議員、市長・行政職員が、年1回以上、一堂に会して、新城のまちの課題や未来を考える集会である。2013年から始まり、2019年まで合計8回行われている（2020年はコロナ禍で中止）。全国初の条例上の制度である。

市民、議員、市長や職員が、一堂に会して、まちのことを語り合うという試みは、全国で行われているように思えるが、実際は、ほとんど開催されていない。かつて横浜市は1万人市民集会を試みたことがあるが、すぐに形だけのものとなり、結局、行政に対する壮大な要求の場になってしまった。つまり、行政や議会に対する批判、要求の場となることをおそれて、行われないのである。

　これに対して、新城市の市民まちづくり集会は、「まちづくりの担い手である市民、議会及び行政が、ともに力を合わせてより良い地域を創造していくことを目指して、意見を交換し情報及び意識の共有を図るため、3者が一堂に会する」（自治基本条例第15条第1項）場である。つまり、何かを決める場ではなくて、ともかく、みんなが集まり、まちの魅力や課題、未来を自分事として考え、情報を共有し、知恵を出し合う場である。

　価値が多様化するなかで、行政によるサービスだけでは市民ニーズに十分対応できない。税収が頭打ちになり、社会保障費が激増しているなかで、市民も傍観者ではなく、自治経営の当事者になってもらわなければ、地方

4　市民まちづくり集会（筆者撮影）

自治の目的である幸せに暮らせるまちは、維持できない。まちのみんなが、まちの魅力を知り、まちの強み・弱みを知らなければ、当事者になりようがない。

市民まちづくり集会は、毎回、市民、行政、議員の信頼関係と協力関係が溢れた集まりとなっている。集会の企画に当たっては、市民、行政、議員が、対等にアイディアを出しあう。当日の司会・運営も市民が自分たちでやる。会場では、若者も高齢者も、自由に語り、アイディアを出す。私は、参加するたびに、みな、このまちのことが好きなのだと思う。

公開政策討論会条例

直近では、新城市は、2020年6月に、市長選挙における公開政策討論会条例を制定した。市長立候補予定者が、告示前に、市民の前で政策論争を繰り広げる公開政策討論会を公設で行うという内容である。もちろん全国初である。

この条例は、市民の知る権利に応える仕組みである。自分たちのまちの課題は何か、それに対して、市長候補者たちは、どのように対応しようとしているのかを知り、自分自身で考える機会をつくる条例である。これによって、選挙が「候補者の選挙」から「有権者・市民の選挙」に変わっていく。

新城市で、この制度ができたのは、自分たちのまちの未来を決める選挙が、本来のあり方からずれてしまっているという危機意識からである。

短い選挙戦のとき行われるのは、選挙カーによる名前の連呼で、街頭では笑顔と握手である。選挙公報も、いいことばかり書いてある。本当に、暮らしやすいまちを実現できるのか、問いただすこともできないうちに、代表者が選ばれてしまう。

実は、かつて公職選挙法には、立会演説会の制度があった。しかし、1983年の公職選挙法の改正で、廃止されてしまった。それは、立会演説会では、次のようなことが行われたためである。

5　公開政策討論会（出所：ほづみ亮次 後援会公式サイト）

　①ヤジと怒号。自らの意見と違う候補に、ヤジと怒号を浴びせる。

　②大挙して出かけ（動員）、自分たちが応援する候補者の演説が終わると、みんなで帰ってしまう。

　立会演説会は、本来、選挙の王道であるはずであるが、市民自らの自滅的な行為によって、なくしてしまったのである。

　これに対して、新城市では、2003年以降、市長選挙の度に公開討論会をやってきたし、2017年の市長選挙では、告示前に3回、告示後1回、公開政策討論会を粛々とやった（告示後は、公職選挙法で第三者が合同演説会を開催することはできないので、合同「個人」演説会の名称になった）。

　特に2017年の公開政策討論会では、立候補予定者同士が合意して、市政や政策に関して、市民に知る機会を提供することとし、その具体化である公開政策討論会の企画・運営にあたっては、立候補予定者から推薦された市民たちが、市民のための政策討論会を考え、実施していった。彼らは、年齢や価値観、思想信条も異なるが、自陣営のためではなく、市民のためという共通認識のもとに取り組んだ。

そして、討論会の会場では、来場者同士が、自分が応援する候補者だけでなく、これから選挙で戦うことになる相手の話にも、きちんと耳を傾けた。市民が自滅的になくしてしまった公開政策討論会を粛々とやり遂げた。

　また新城市では、その後の条例づくりも市民が行っている。市民による作業部会メンバーが、企画、運営、仕組み（組織）の全体にわたって、論点の抽出と考え方を整理し、そのうえで、自治基本条例の推進機関である市民自治会議が、市長からの諮問に基づいて、検討を行った。

　新城市の公開政策討論会条例は、市民のそれぞれが、まちのために、自分ができることを粛々とやり遂げた結果であるが、その前提には、自分のまちに対する愛着、誇り、共感、そして当事者性があったことを忘れてはならない。

政策の源泉はシビック・プライド

　全国初の政策を次々に打ち出している新城市の取り組みを見ると、自治体が今後、何に注力すべきかが見えてくる。

　全国初の政策づくりは、市長のリーダーシップも大きいが、それだけでできるものではない。市長を支える職員の実現力、行動力も重要であるし、何よりも、行政に呼応し、まちや地域で、政策を着実に実践する市民の力が不可欠である。

　ここに記した新城市民の行いは立派であるが、これは新城市に優れた市民が数多くいるからではない。どこのまちでも、こうした市民がいて、出番を待っているのだと思う。かような市民の力をうまく引き出せないのは、もったいない話だし、その市民の力を引き出すパラダイムが、シビック・プライドである。

　まちの人たちが、自信を持ち、まちへの愛着、誇り、共感を持って当事者性を高めていくシビック・プライドを地道に実践しているまちが、次の時代でも、生き残っていけるのだと思う。

I

シビック・プライドの理論

1 シビック・プライドとは何か
——政策論からの再定義

シビック・プライドを日本語に訳せば、なんとなくイメージができる（国語としてのシビック・プライド）。しかし、考えるべきは、自治経営のツールとしてのシビック・プライド、政策用語としてのシビック・プライドである。

1 代表的定義

伊藤香織教授の定義

シビック・プライドと何か。シビック・プライドの考え方を提唱、普及させた一人である伊藤香織教授は、「市民が都市に対してもつ誇りや愛着をシビックプライド（Civic Pride）というが、日本語の郷土愛とは少々ニュアンスが異なり、自分はこの都市を構成する一員でここをよりよい場所にするために関わっているという意識を伴う。つまり、ある種の当事者意識に基づく自負心と言える」[1]と定義している。

都市の対する愛着、誇り、共感という心情や思いだけにとどまらず、都市の課題解決や活性化など、具体的な行動に取り組む姿勢も含んでいる点で、都市に関わっているという関係性、当事者性を内容に含む点が、伊藤教授の定義の魅力であり、そこがシビック・プライドのポイントでもある。

岐阜市のシビック・プライド調査

この定義を踏まえて自治体もシビック・プライドの調査を行っている。

岐阜市の調査[2]では、「岐阜市では、「住む人」「来る人」「働く人」を増やす成長都市の実現に向け、市の持つ魅力やポテンシャルを活かしながら、市の認知度やイメージアップを図る取組を進めています」という目標に向け、シビック・プライドは、「住んでもらいたい、来てもらいたい」というシティセールスの中核的概念という位置付けになっている。

　この調査でも、シビック・プライドとは、「都市に住んだり、働いたり、訪れたりする人が、その都市に対して持つ愛着や誇りを指します。郷土愛とは異なり、都市をよりよい場所にするために自分自身が関わっているという当事者意識に基づく自負心です」と、単なる郷土愛を越えた当事者性を要件としている。

2 企業による自治体ランキング

　調査研究機関等が、地域の幸福度や住みやすさをさまざまな指標で評価し、それをランキングにして発表している。「都道府県幸福度ランキング」（一般財団法人日本総合研究所・株式会社東洋経済新報社）[3]などが代表的な例であるが、シビック・プライドも同じようにランキング化されている。

読売広告社・シビックプライド

　「シビックプライド（Civic Pride）」は、株式会社読売広告社の登録商標である。そこで、本書では、これと区別する意味で、「シビック・プライド」としている。読売広告社では、このシビックプライドを「愛着」「誇り」「共感」「継続居住意向」「他者推奨意向」の5指標であらわしている[4]。

【愛着】この街に愛着を持っている
【誇り】この街に誇りを持っている
【共感】この街（のあり方）に共感している

【継続居住意向】今後もこの街に住み続けたい
【他者推奨意向】この街を人にも勧めたい

　愛着、誇り、共感は、客観的で明確な指標に基づく評価ではなく、個人の主観に基づく、いわば「個人の感想」である。しかし、だからといって価値がないわけではない。
　調査は、関東圏（1都6県）、関西圏（2府4県）における人口10万人以上の151自治体の自治体に住む20歳〜64歳の男女を対象に、インターネットで調査したものである。この調査では、人口の主力世代である65歳以上の高齢者は対象に入っていない（2018年までは20歳〜59歳が調査の対象だった）。
　総合ランキングの得点は、この5指標のスコアを足し上げ、1,000点満点化したものである。なお、5指標のスコアについては、それぞれの質問内容を［非常にあてはまる〜まったくあてはまらない］の7段階で聴取している。

三菱UFJリサーチ＆コンサルティング・市民のプライド

　三菱UFJリサーチ＆コンサルティングは、「市民のプライド」という言葉を使用している。市民のプライドとは、「自分が暮らしているまちに対して感じている愛着や誇り、お勧め度合い、イメージなど」を意味する。
　この調査の対象は、政令指定都市（20市）及び東京都区部の合計21都市の20代から60代を対象に、各都市200サンプル、インターネットによるアンケート調査である。
　「お勧め度合い」でみると、「全般的によいまちであること」「買い物・遊びなどで訪れること」「住むこと」「働くこと」「子育てすること」「アフターファイブを楽しむこと」「いろいろな人と交友を深めること」「趣味や教養を深めること」「デートすること」「多様性があること」の10項目が指標である。[5]

3 類似の概念との比較

都市ブランド、地域ブランド

シビック・プライドと類似する用語には、都市ブランド、地域ブランドがある。

ブランドの語源に関しては諸説があるが、「焼印を押す」という意味のBurnedから派生したと言われている。焼印は、他との見分けをつけるためであるが、そこから出発し、さらに競合相手との違いを出すための手段へ転化した。

ブランドについては、本家のマーケティングの分野では、「ある売り手の商品やサービスを他の売り手のそれらとは異なるものとして識別させるための名称、用語、デザイン、シンボル、その他の特徴」（アメリカ・マーケティング協会・1988年）とされている。

ブランド価値が生まれる理由については、大別すると2つの考え方があり、

① ブランドは、市場で消費者に自然に選ばれた商品であるという考え方で、この立場では、消費者にいかに選ばれるかを重要視する。

② ブランドには、製作者や経営者のそのブランドにかける思いや夢、世界観やビジョンが内在していると考える立場では、製作者がそのブランドに込めるところの価値を消費者に対して、いかに首尾一貫した形で伝え、啓蒙するかが重要とする。

まちづくりにおけるブランドは、そのどちらかの二者択一ではなく、市場の選択と製作者の思いの両面、つまり提供者と受け手側の双方向な関係によって成立すると考えるべきだろう。

違いを出すということは、自分の優れているところを示すということでもある。

都市ブランドでは、「都市イメージを意図的に高めることにより、都市そのものの総体的な価値を向上させる」（松山市都市ブランド戦略ビジョン）とい

う行動になる。「都心から一番近い森のまち」（千葉県流山市）などが、その例といえる。

　地域ブランドでは、「地域ブランドは、地域の特徴を活かした商品、サービスの開発や高付加価値化と、地域そのもののイメージ（景観、自然、歴史、風土、文化、素材など）を結びつけながら、地域全体で取り組むことにより、他地域との差別化された価値を生み出し、その価値が広く認知され求められるようになる」（北海道知的財産戦略本部）ことを目指すものである。[6]簡単にいえば、商品・サービス自体に、ブランドという付加価値をつけて、価格が通常の製品よりも高くなるという仕組みをつくることであるが、「松阪牛」などがその例と言えるだろう。

　要するに、ブランドでは、
①都市や地域のアイデンティティを地域に存在する自然、歴史・文化、食、観光地、特産品、産業などの地域資源に結び付け
②その付加価値を高めて、他のまちや地域との差別化を図り
③積極的な情報発信を行うことで優位性を保ち（高評価を受けることで）
④消費者、旅行者、移住者、企業等に愛着、共感、満足度をもたらすことによって、経済的な好循環を生み出すことが主眼となる
⑤その結果として、地域住民、事業者・企業の自信と誇りを生み出すことになる

シティセールス・シティプロモーション

　シティセールス（シティプロモーション）は、「市内外の人の関心を高め、市の認知度の向上を図るため、市の魅力を効果的に発信するとともに、新たな魅力の創出にも積極的に取り組んでいく活動」（四街道市）である。

　ブランドと内容的には同じであるが、ブランドよりも、その魅力や長所をセールス（販売）、プロモーション（販売促進）することに力点が置かれている。

　一般にシティプロモーションでは、3つの段階に分けている。
①知って、来てもらう

図表 I -1-1　AMAZING TOYAMA　（出所：富山市ホームページ）

② 見て、感動してもらう

③ 好きになって、住んでもらう

　シティセールス（シティプロモーション）においても、実体のないものを売り出そうとしても長続きしないので、既存の自治体の魅力や長所を発見して売り出すことになる。まちや地域のアイデンティティをまちや地域に存在する自然、歴史・文化、食、観光地、特産品、産業などの地域資源に結び付けて、発信する。

シティプロモーション＋シビック・プライド（富山市の取り組み）

　シティプロモーションとシビック・プライドを両輪として、まちづくりを進めているのが富山県富山市である。

　富山市は、2015年に北陸新幹線が開業し、2020年３月には、市内路面電車の南北接続が果たされた。こうしたハード面による都市の整備が進むなか、ソフト面から富山市の魅力を高めていく方法の１つとして、シティプロモーションとシビック・プライドを両輪とした施策展開を行っている。

両者を連携させて取り組むことで、富山市に関わる人が増え、関わり方も深いものとなり、地域活性化への相乗効果が期待でき、ひいては、人口の維持や増加にもつながることが期待されるからである。

シティプロモーションについては、富山市では、2009年に富山市シティプロモーション推進計画を策定して、近年では、東京ガールズコレクション（TGC）富山やBリーグオールスターゲームなどの全国的に注目されるイベントを開催している。

シビック・プライドについては、2014年から「AMAZING TOYAMA」というキーワードのもと、市民のシビック・プライドの醸成に取り組んでいる。

AMAZINGは、「すごい」といった意味であるが、富山市は、「驚くほど見事な様子」と表示している。「普段の一人一人の生活の中にこそ、AMAZINGが存在し、市民の皆さんが当たり前に享受していたものが、あらためて驚きのある新鮮なものとして感じられるためのキーワード」としている。

ブランドやシティセールスの課題

ブランド論やシティセールス論に共通する考え方は、自治体が明確なビジョンを持って、まちや地域の価値を地域内外に積極的にPRすれば、対外的には、まちの認知度や評価は上がり、外部から高い評価を受ければ、ヒト・モノ・カネの獲得といった経済効果を引き込むことができ、同時に、地域住民や企業等の地元への愛着と誇りを醸成することにもなるというものである。

そこで、ブランドやシティセールスの政策論では、都市自体や地域の資源に着目して、その価値を自覚し、それを見える化し、ブラッシュアップし（品質保証）、積極的な宣伝・PRを行う（情報伝達）ことが政策の中心となっていく。

しかし、現実には、多くの自治体では、市外でアピールできる資源はあま

り多くないことから、ブランド製品等をつくり出すことになるが、ときには無理につくり出すことになって、実態の乏しい地域の名前を使ったブランド名の商品等が開発された。また、いかにうまく売り出すかに注力することになるから、デザインされたロゴ、綺麗な写真を使った大型ポスター、中身のないWEB、東京の一等地でのイベントといったワンパターンの行動となる。

　ブランドづくりやシティセールスの展開には、国の補助金がつくことから、結局、これらを外部（東京）の専門家やコンサルタントに委託することになり、よそ者任せ、他人任せのブランディング、シティセールスとなってしまった。

　その顛末は、木下斉「『地域ブランド化』が失敗に終わる３つの理由」[7]でうまく表現している。

　全国的によくある地域ブランディング事例

(1) よく聞くウリ文句（日本一の〇〇）

(2) いい加減な地域商材選定

(3) 何となく地域の名前を使ったブランド名

(4) デザインされたロゴ

(5) 綺麗な写真を使った大型ポスター

(6) 中身のないWEB

(7) 東京の一等地でのイベント

　これまでの地域ブランドやシティプロモーションで忘れられがちなのが、市民の内発性・当事者性で、その欠如が、「失敗」の要因となっている。

4 政策用語としてのシビック・プライド

ランキングに迎合すると政策を誤る

　企業が行っているシビック・プライドのランキングは、指標やその比重

のかけ方に、そもそもの疑問も出るだろう。

　例えば、「市民のプライド」では、結局、豊かな都市ライフを満喫できることが、市民のプライドの高さの基準になっている（アフターファイブを楽しむこと、デートすることが指標になっている）。また、指標を同じウエイトで単純に合計しているが、指標の評価は、人さまざまである（趣味や教養を深めることとデートすることは、人によって同価値ではない）。つまり、指標を変え、指標の重みを変えるとランキングは大きく違ってくる。何よりも、シビック・プライドの中核的な要素である、市民の当事者性、主体性が、これらランキング調査には、含まれていない。

　その意味では、下位に位置された自治体も、この企業ランキングに一喜一憂する必要はないといえる。

　しかし、そうはいっても、現実にはランキングの評価が独り歩きするので、気になるのは当然で、それゆえ、ランキングに迎合するようなシビック・プライド政策を採用することになると、これは本末転倒である（限られた予算の空費ということになる）。

　つまり、シビック・プライドの基本からきちんと立案していかないと、政策を誤るということである。

ブランド論やシティセールス論を越えて

　すでにブランド論やシティセールス論があるのにもかかわらず、シビック・プライドを論ずるのは、次のような意味がある。

　住民の思いや共感を伴わないブランド戦略やシティプロモーション戦略は、多くの場合、一過性に終わってしまう。やはり、地域やまちの活性化は、外部から与えられるものではなく、自らが創出し、継続的に育んでいくべきものであるという反省から、シビック・プライド論が生まれてきた。

　シビック・プライドでは、市民一人ひとりの愛着や誇り、共感に加え、都市や地域をよくするために、自分自身が関わっていくという当事者意識を持って、まちや地域資源の価値を認識し、ブラッシュアップし、市民一

人ひとりが、まちや地域資源を売出し、それが結果として、外部からヒト・モノ・カネの獲得といった効果を引き込むことになる。出発点に市民一人ひとりの思いや意欲を据えるのが、シビック・プライド論の要諦といえる。簡単な話、自信があれば、売る言葉にも力が入る。

これは、ブランドやシティプロモーションの論理を逆回転させるものでもある。ブランドやシティセールスでは、まちそのものや地域資源の価値を強調し、外部からヒト・モノ・カネの獲得といった経済効果を引き出すことが目的であって、市民のまちや地域への思いは、２次的な目標である。それを逆転し、まちや地域への思いや当事者意識から展開していくのが、シビック・プライドである。

国語ではなく政策用語としてのシビック・プライド

国語としてのシビック・プライドなら、まちや地域へのポジティブな思い、肯定的な評価にとどまってよいが、ここで論じるのは政策論としてのシビック・プライドである。

シビック・プライドの理念は、これまで政策論では取り上げられることが少なかった個人の思いや感情、意欲や主体性に着目して、これを従来の自治やまちづくりに送り込むという新しい発想である。

したがって、政策論としてのシビック・プライドでは、地域のために何かをしたいという市民の思いや行動を「事業とかたちにあらわす」ことが重要で、そのためには、市民が集い、連携し、体験し、活動するための機会づくり、市民としての主体性を育み、発揮できる制度や仕組みづくりが議論の中心となる。

実際、このような視点を持って、シビック・プライドに取り組んでいるかどうかで、シビック・プライドが、単なる掛け声で終わるか、あるいは新たな自治をつくるパラダイムになるかの分かれ道になっていく。

都市開発マーケティングではなく、
まちづくりのパラダイムとしてのシビック・プライド

　既存のシビック・プライドの調査である「シビックプライド調査」（読売広告社）、「市民のプライド調査」（三菱UFJリサーチ＆コンサルティング）は、その目的は、都市開発・住関連のマーケティングの一環として行われている。

　したがって、調査の対象は、「シビックプライド」では20代から64歳まで、「市民のプライド」は20代から60代までであるし、調査項目も、「継続居住意向や他者推奨意向」（シビックプライド）、「買い物・遊びなどで訪れること、住むこと、アフターファイブを楽しむこと、デートすること」（市民のプライド）等になる。

　都市開発・住関連マーケティングから見れば、不動産販売や都市開発が低調な地方都市は、調査の対象にならないし、不動産購入や消費活動が期待できない子どもや高齢者といった年代も、この調査から除外されることになる。ましてや、ふれあい、助け合いなど無形の資源も、調査から外されるだろう。

　ただ、これは非難すべきことではなく、企業の活動目的にあわせて、それに応じた調査が行われるのは、当然のことである。

　ということは、自治体がシビック・プライドを政策として考える場合は、これら企業のシビック・プライド指標ではなく、「住みよいまちをつくる」という観点から、調査対象（子どもや高齢者も）、調査項目（助け合いや連携・協力なども）、調査方法（インターネットに限らず面接も必要）等を考えた指標づくりをしなければいけないということである。

住民力の要素であるシビック・プライド

　同じ制度、同じ権限なのに違いが出てくる場合がある。例えば、ごみの分別率が高い地区とそうでない地区がある。介護、福祉活動の盛んな地区とそうでない地区がある。その原因が住民力の違いである。住民が持つ力の違いが、政策の結果に作用する。

住民力の源泉には、①住民の経験、知識、行動力、②信頼、つながり、参加・交流といったソーシャル・キャピタル[8]、③愛着、誇り、共感といったシビック・プライド等が要素で、この3つは、相互に関連している。シビック・プライドは、住民力の重要な構成要素である。

シビック・プライド政策の意義

　改めて、シビック・プライド政策の意義をまとめておこう。

　自治体の政策が、効果的、効率的に機能するには、市民の愛着、誇り、共感は不可欠である。市民がそっぽを向く政策は、実効性が伴わないし、早晩、形骸化する。

　そして、一般的には、市民のニーズは、立法事実の要素であるが、愛着、誇り、共感は、政策の実効性を高めるもので政策事実に分類される。

　市民の愛着、誇り、共感は主観的要素であるために、政策事実であるにもかかわらず、これまでは政策対象としてとらえられてこなかった。これを自治体政策の対象とする試みが、シビック・プライド政策である。つまり、愛着、誇り、共感を社会的な資本ととらえて、外部から計測や醸成できるようにすることが、シビック・プライド政策の内容である。

　同時に、この概念は、まちや地域の課題解決や活性化などに、具体的な行動として取り組む姿勢も含んでいる。つまり、市民一人ひとりが、「自分の住むまちのことを考え、住みやすいまちのために行動する」という当事者性、主体性がシビック・プライドのもう1つの重要な柱で、この当事者性を仕組みや制度に反映するのが、シビック・プライド政策の内容である[9]。市民の湧き上がる内発力・当事者性で、まちや市民の暮らしをより良くしていこうというのが、シビック・プライド政策である。

　なお、この政策化に当たって、シビック・プライド自体は、市民が自発的に形成していくものであるため、強制やお仕着せにならないように、十分に配慮することも必要である。

2 地方自治の変化と シビック・プライド

シビック・プライドが注目される背景には、地方自治を取り巻く状況の変化がある。新しい地方自治のあり方を模索するなかで、シビック・プライドが「発見」されてきた。

1 地方自治を取り巻く状況の変化

縮減社会の到来

縮減社会とは、人口減少と少子高齢化の進展によって、経済も人の活動も縮小する社会である。これまでは、ずっと成長（量の増加）を前提とする社会であったが、それが終焉し、見直すときになったということである。

日本では、2008年から本格的に人口減少時代に入った。国立社会保障・人口問題研究所の推計では、2008年に約1億2,808万人だった人口も、2054年には約9,900万人になるとされる。東京都2個分の人が減るということである。

人口減少の影響をもろに受けるのが、税収である。市町村の主な税収源は、個人市町村民税と固定資産税であるが、個人市町村民税は、人口減少の影響を直接に受ける（固定資産税も間接的には影響を受ける）。都道府県では、都道府県民税が大きな影響を受けることになる。また約9割の自治体は、地方交付税の交付団体であるが、地方交付税の原資である所得税や消費税等の国税も、人口減少の影響を受けることになる。

他方、高齢化率は上昇を続け、それに伴う社会保障給付費は急増している。1965年の1.6兆円だった社会保障給付費が、1990年には47.2兆円になり、2025年には、100倍近くの148.9兆円になると見込まれている。

　もはや税金のみを原資とする社会づくりは困難で、そこで、もう1つの資源、つまり、市民の行動力、知識、経験等が注目されるようになった。

市民の暮らし方・意識の変化

　市民の暮らし方も、この40年で大きく変化した。図表は、1つの例示であるが、さまざまな点で市民の意識・行動が変わり、これまでとは違う新しい価値が生まれてくることになる。

　終身雇用制が崩れ、またコロナ禍で働き方が変わってきたことも、人々の暮らし方、生き方に大きな影響を与えている。会社だけでなく、あるいは経済的な豊かさだけでない、オルタナティブな生き方にも価値が認められるようになった。

　そうしたなかで、まちや地域と関わることも大事な価値だと考える人も増えてきた。これまでならば、役割や義務として地域に関わる人も多かっ

図表 I -2-1　40年間で意識はどう変わったか

(%)

質問	選択肢	1973年	2013年	増減
夫の家事手伝い	するのは当然	53	89	36
家庭と女性の仕事	両立したほうがよい	20	56	36
女子の教育	大学まで	22	57	35
婚前交渉（女性）	愛情で可	16	44	28
理想の家庭	家庭内協力	21	48	27
仕事と余暇	仕事優先	36	21	△15
職場の同僚との付き合い	何かにつけて相談しあう	59	36	△23

（出所：NHK放送文化研究所（編）『現代日本人の意識構造（第8版）』をもとに筆者作成）

たが、自分の関心事あるいは関わりたいという思いで、まちや地域に関わる人が増えたという点は、地方自治においては重要である。

地方分権・都市間競争

こうした社会的背景もあって、2000年に入ってから強力に推し進められたのが、地方分権である。

地方分権というと、単に国から地方に権限を下ろすことと理解されがちであるが、そんな表層的な話ではなく、明治維新以来、ずっと続いてきた中央集権型システムを改め、地域のことは地域が決めていくという新たな社会システムへの転換を目指す大改革である（それゆえ、明治維新、戦後改革に続く第3の改革と言われる）。

地方ごとの自立性（自律性）を追求していくと、それは都市間競争にもなる。輝く自治体と埋没してしまう自治体が生まれてくる。輝くか埋没するかは、まちや地域のみんな（市民、行政、議員等）が当事者性を持って、地域の課題解決に立ち向かえるかによって違ってくる。

地方分権・都市間競争が、シビック・プライドの追い風となっている。

2 昭和22年の地方自治制度

地方公共団体についての制度

このように地方自治を取り巻く状況が大きく変化しているにもかかわらず、地方自治の制度的枠組みは、相変わらず昭和22年（1947年）制定の地方自治法のままである。

地方自治法が規定する地方自治のあり方は、第1条の目的を見れば端的にわかるが、地方自治法には、地方公共団体に関する事項を詳細に規定することで民主的・能率的な行政の確保と地方公共団体の健全な発達させる

ことが目的と書かれている。

　要するに、日本の地方自治の制度は、地方公共団体を整備し、規律すれ
ばうまくいくという思想でつくられている。例えば、地方自治法は全部で
473条の規定があるが、このうち住民が主語の規定は6条しかなく、大半
が行政や議会に関する規定となっている。今日のまちや地域の担い手であ
る自治会・町内会、NPOやボランティア、企業等の活動を促進する規定も
ない。

　なお、地方自治法は、途中の1999年（平成11年）に、地方分権改革など
の大改正がされたが、地方自治法の構造や基本的な仕組みは変わらず、自
治権の内容も、統治を基本に多少の協治を接ぎ木したものにとどまっている。

要求型・サービス収受型自治の限界

　住民に関する基本規定が、地方自治法第10条第2項で、「住民は、法律
の定めるところにより、その属する普通地方公共団体の役務の提供をひと
しく受ける権利を有し、その負担を分任する義務を負う」と規定されてい
る。つまり、住民は税金を払う代わりに、自治体からサービスを受ける権
利を持っているということである。

　たしかに、戦後は、生産年齢の増加、日本経済の発展に伴って、税収の
増加があったので、この要求型・サービス収受型の自治経営ができた。し
かし、1990年代の後半から、生産年齢層が減少し始め（ピークは1995年）、
他方、高齢化の進展で、もはや税収だけに依存する自治経営は困難になっ
た。

　それにもかかわらず、要求型・サービス収受型の自治が続いており、役
所に任せておけばいい、役所が何とかしてくれるというお任せ民主主義を
生んでいる。

　市民が、外野にいるような自治経営では、もはや立ち行かなくなってき
たことから、市民の主体性・当事者性が注目されるようになってきた。

3 国の動き

学校の学びのなかで

2006年12月に改正された教育基本法では、「学校、家庭及び地域住民その他の関係者は、教育におけるそれぞれの役割と責任を自覚するとともに、相互の連携及び協力に努めるものとする」(第13条) として、教育における地域の役割と責任が明確にされた。

これを受け、教育振興基本計画 (2008年7月閣議決定) では、「地域ぐるみで学校を支援し子どもたちをはぐくむ活動の推進」「家庭・地域と一体になった学校の活性化」等、学校と地域の連携を推進していくこととしている。

小学校学習指導要領 (平成20年3月) では、低学年、中学年、高学年とも、「郷土の伝統と文化を大切にし、郷土を愛する心をもった児童を育てよう」、中学校学習指導要領 (平成20年3月) でも、「地域社会の一員としての自覚をもって郷土を愛し、社会に尽くした先人や高齢者に尊敬と感謝の念を深め、郷土の発展に努める」ことが内容になっている。

2022年度から実施される高校の新学習指導要領では、主権者教育の充実を図る必修科目「公共」が新設された。若者の公共参画が、公民科の中核内容となった。

新科目である公共は、次の内容で構成されている。
・公共空間をつくるのは自分たちであり、それゆえ公共に関心を持ち、公共の主体であることの自覚を持てるようにすること
・自分たちが、自立した公共主体として、国家・社会の形成に参画できるような力を蓄えること
・地域、国家・社会、国際社会へ主体的に参画できる力を育てること

このように学校における学びのなかにおいても、市民の内発力・当事者性が、重要な位置を占めるようになった。

ふるさと創生

2014年に閣議決定された「まち・ひと・しごと創生総合戦略」にもとづき、「地方版総合戦略」が策定された。地方創生は、①東京一極集中を是正し、②若い世代の就労・結婚・子育ての希望の実現 、③地域の特性に即した地域課題の解決を図ることで、国民が安心して働き、希望通り結婚し子育てができ、将来に夢や希望を持つことができるような、魅力あふれる地方の創生を目指すものである。

定住化、就労、結婚、子育てなど、地方創生の実現には、まちや地域への愛着、誇り、共感を持つとともに、自らがまちや地域の一員として、その形成に関わっているという認識・自負を持つことが不可欠である。

2020年からは、第2期「まち・ひと・しごと創生総合戦略」が始まり、ここで新しく関係人口という考え方が登場したが、この概念も、地域への愛着、誇り、共感に基づく地域への関わりが、コンセプトになっている。

4 これからの地方自治－内発力・当事者性の導入

量から質への政策転換

現状と対策の不足（両者のギャップ）を埋めるのが政策論の役割である。

これまでの国の政策は、定住人口を増加させる（地方創生等）などの量に着目するものであったが、それに対して、シビック・プライド政策は、市民の意欲や熱意といった質の部分に光を当てて、政策をより効率的・効果的、パワフルなものにしようという提案である。

このようなシビック・プライドの考え方は、特に目新しいことではなく、これまでの地方自治においても、普通に行われてきたことである。日々の暮らしのなかで、課題は次々に生まれてくるが、住民は共同体やそこに暮らす人々への愛着、誇り、共感をもとに、住民自らが、まちや地域の課題を解

決していくという自負心・自助の精神で、課題を乗り越えてきた。私たちの地方自治は、内発力・当事者性の長い歴史と豊かな実績を持っている[10]。

この市民の内発力や当事者性を支える理念がパトリオティズムである。パトリオティズムは多義的に使われるが、自らが生を受け、暮らしてきた土地に対する執着と愛情という思想で、そこから自主性・主体性や連携・協力が生まれ、それが内発力や当事者性の源泉になっている。このパトリオティズムは、ナショナリズムのような人々の頭の中に形成される想像の産物ではなく、生活風景のようなもので、体に染み込んだものである[11]。

とりわけ日本では、パトリオティズムの奥に高い市民性がある。これは明治維新に先立つ江戸時代の名望家たちによる公共活動と庶民の教育・教養の高さに由来するが、この「豊かな市民性」を再び呼び覚まし、それによって政策に力強いものにするのが、シビック・プライド政策の要諦である。

住民概念を深化させる

地方自治体は、住民（人的要素）、区域（空間的要素）、自治権（支配権）の３要素から構成されているが、地方自治法では、「市町村の区域内に住所を有する者」（第10条第1項）が住民であるとして、住所を基準に住民を考えている。

しかし、近年では、生活の本拠を住所とする原則だけでは、住民の福祉を実現できないケースが生まれ、「居住しない住民」の概念が、地方自治の分野で増えてきた。介護保険や国民健康保険の住所地特例[12]や原発被害者に対する避難住民・特定住所移転者[13]などが例である。これらは、そこには生活の本拠はないが住民と認めるもので、これは住民概念を「横に広げたもの」である。

これに対して、シビック・プライドは、住民概念を「深めるもの」である。住民のまちや地域への愛着、誇り、共感、当事者性という本人の意欲や関心を住民概念に付加することで、客観的、形式的であった住民の概念に、ダイナミズムと社会を動かす力を期待するものである。

顧客から当事者へ

　今日の地方自治で問い直されているのは、顧客としての住民から、当事者としての住民（当事者主権）への転換である。その有効な方法の１つが、たまには支配する立場と支配される立場を交替してみることである。

　市民は普段は支配される立場にいるが、支配される側ばかりにいると、人任せ、無関心になる。[14] 自分もこの問題の当事者の一人として、問題と出合い、その問題を自分の問題としてとらえ、その問題解決のために考え、行為するという一連の過程を通して、理解が深まっていく。政策課題は多面的で複雑であり、決定は、妥協の産物で、苦渋の決断であることを実感できる。

　ここでは、単にまちや地域に対する思いだけにとどまらず、まちや地域の課題解決や活性化に、当事者として具体的に取り組むという点が重要な要素である。

　シビック・プライドは、この内発力と当事者性によって、日本の地方自治が、新たな一歩を踏み出すことを後押しするパラダイムと言える。

3 シビック・プライドの 目的・目指すところ

　シビック・プライドというパラダイムを使って、何を実現するのか。これはシビック・プライドの意義や効果は何かという問題でもある。逆に言うと、これからの自治経営にとって、シビック・プライドは、有効な概念なので、大いに活用していくということでもある。

1 社会を活発化し、まちを豊かにする

先行研究から見えるもの

　シビック・プライドに関する先行研究は、きわめて少ない[15]。とりわけ自治経営という観点から体系的にとらえたものはない。

　他方、環境心理学からは、地域愛着（place attachment）の概念が提唱され、地域愛着が持つインパクトについては、かなりの先行研究がある。環境心理学以外でも、地理学、建築学、都市計画等のさまざまな分野で地域愛着は研究されている。

　地域愛着と地域活動の関係では、地域への愛着があれば、

・地域活動へ積極的に参加する傾向を示す[16]
・町内会活動やまちづくり活動等の地域活動に熱心である[17]
・防災活動等に積極的に参加する[18]
・地域への責任感、地域活性化の活動、生活満足にプラスの効果が認められる[19]
・地域風土への接触が、長期的には地域愛着のような醸成に時間を要する

図表Ⅰ-3-1　自分が住む都市への誇りと地域活動への参加状況

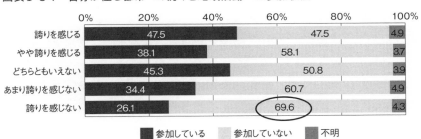

（出所：国土審議会調査改革部会報告）

感情にも影響を与える可能性がある[20]

地域の誇りと地域活動の関係では、

・自分が住む都市へ誇りを感じる人は、半数近く（47.5%）が地域の活動に参加しているのに比べ、誇りを感じない人の参加は、26.1%にとどまっているという調査がある。[21]

　これら先行研究によれば、シビック・プライドは、地域活動にプラスの影響・効果を与えると言えよう。

まちづくりへのプラス効果

　まちづくりについては、さまざまな定義があるが、「地域社会に存在する資源を基礎として、多様な主体が連携・協力して、身近な居住環境を漸進的に改善し、まちの活力と魅力を高め、『生活の質の向上』を実現するための一連の持続的な活動」[22]は、よくできた定義だと思う。

　シビック・プライドによるまちづくりの目的・効果は、次のように多岐にわたる。

① 人的効果…自分の住む地域が評価されることで自信につながる。住民意識の高揚や連帯感の醸成などの効果がある

② 地域のイメージアップ効果…地域の誇りの再認識、地域のアイデンティティの確立等の効果である。これがシティセールスにつながっていく

③ヒューマンネットワークの形成・拡大…交流の拡大による経済効果や新たな地域産業の開発の端緒にもなる

④経済効果…地域資源を活用した特産品開発、雇用創出、観光等による経済効果等、地域ブランドにつながっていく

　シビック・プライドは、社会を活発化し、まちを豊かにする効果がある。

2 自治経営を効果的・効率的にする

自治経営の効果を最大化する

　自治経営とは、自治体の存立目的である住民の幸せを実現するという目的達成のために、持てる資源を効果的・効率的に動かしていくということである。

　資源には、ヒト・モノ・カネ・情報などがあるが、シビック・プライドの要素である愛着、誇り、共感があれば、これらが有機的に機能し、最大限にその効果が発揮される。やる気がある人の成果とない人の成果が、大きく違うことは、しばしば経験するところである。

　市民一人ひとりが、当事者として取り組めば、それが全体の力となって、さらに大きな成果が達成できることになる。シビック・プライドは、一つひとつのパワーを束ねる結束材である。

　また、こうした成果を感じることで、市民は、より一層、主体的に自治の課題に取り組む勇気が与えられる。プラスのスパイラルという好循環が、自治体の持続的な発展を後押ししていく。

　一人ひとりのシビック・プライドを盛り上げ、それをまとめ上げて、地域の課題解決や健全で活力に満ちた地域になるようにリードしていくことが自治経営である。[23]

自治経営を効率化する

自治経営の目標は、一言でいえば住民満足度を最大化することである。税収が伸び悩み、社会保障費等の支出が増加しているなか、最小の経費で最大の効果を生み出すことが、重要な命題である。

たしかに、まちや地域に対する思いがあり、市民が当事者になれば、自発的に活動するから、市民を規制し、誘導するためのコストを使わなくて済む。無駄な配慮や疑心暗鬼にならずに、行動することができるから、無駄な税金を使う必要もないし、社会を維持するための人員や組織も少なくて済む。一人ひとりが、まちのPRマンになれば、余分な広告費を使う必要もないし、波及効果も大きい。

また、シビック・プライドは、自治経営を効率的にするだけでなく、集合行為のジレンマを解決して、社会全体を効率化させることもできる。[24]

シビック・プライドを基本に総合計画をつくろう

自治体の仕事の集大成が、総合計画である。人口減少や高齢化がリアルな問題となるなか、これまで想像もしていなかったさまざまな問題が発生してくるが、これら課題に対応する総合計画のあり方も、大きく変わってくる。

これからは、行政・議会だけでなく、市民、NPO、企業も、それぞれが得意分野で力を発揮して、公共を担わないと、つまり自治体全体の総合力を発揮していかないと、地方自治をめぐる諸課題には対応できない。総合計画は、その名にふさわしい、総合力を発揮できる計画にしていく必要がある。これからは、市民も含めた地域全体が、ワンチームになって行動できるように、計画を策定し、地域が進むべき方向性とその実現に向けた関係主体の役割を示したものであることが求められる。

ただ、地域のすべてが主体といっても、それが、かたちだけ、形式にとどまっていては、総合的な力にはならない。総合力となるように大同させる結束材が、シビック・プライドである。

3 移住・定住化の効果はあるか

移住・定住化への高い期待度

国や自治体が、シビック・プライドに最も期待し、最終目標としているのが、移住・定住の推進である。地域への愛着、誇り、共感が、定住人口の増加につながることが期待される。

例えば、足利市（栃木県）の「足利シティプロモーション基本方針」によると、市民のシビック・プライドの意識が高まれば、市外への転出も少なくなり、来訪者の中から定住を希望する人も出てくると書かれている。伊賀市（三重県）の伊賀市シティプロモーション指針、上田市（長野県）の上田市シティプロモーション推進指針でも同旨のことが書かれている。それだけ期待度が高いということである。

先行研究でも、たしかに地域に対する愛着や誇りと移住・定住化は、一定の相関はある。

・地域の物理的環境と社会的環境に対する評価が高い住民ほど、地域愛着が強く、地域環境に対するこれらの評価は、居住年数以上に愛着形成を促す可能性がある。[25]

図表I-3-2　自分が住む都市への誇りと継続居住意識

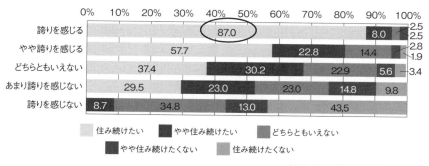

（出所：国土審議会調査改革部会報告）

・自分が住む都市への誇りを感じる人の87.0％は、その都市に住み続けたいと考え、誇りを感じない人は、43.5％が住み続けたくないという調査もある。[26]

高い愛着意識と人口減少ナンバーワン都市

このように、地域に対する誇りと、その地域への定住意向には一定の相関はあるが、だからといって、実際に、住民の転出抑制と直結するかというと、そう単純ではない。

例えば、神奈川県横須賀市は、2013年には全国自治体で最多の「転出超過」自治体だった。今日でも歯止めがかからず、人口流出が続いている。

それでも、平成30年度横須賀市民アンケート調査をみると、「問4　あなたは横須賀市に自分のまちとしての愛着を感じていますか」では、8割近くの回答者が、愛着を感じている（「感じている」（47.0％）「やや感じている」（32.5％）の合算）と答えている。

他方、千葉県流山市は、この3年で「人口を増やした」自治体ランキング9位になっている。その平成30年度流山市市民意識調査では、「問10　あなたは、流山市に愛着を感じていますか」では、「愛着を感じている」（33.8％）、「どちらかといえば愛着を感じている」（46.1％）の合計が79.9％となっている。

人口減少ナンバーワン都市と人口増加上り坂都市は、愛着度では、ほぼ同じ数字となっている。

先行研究では、人口増加自治体の要因は、種々の要素が絡むが、主として、次の要因であると分析している。[27]

① 産業の集積（産業誘致や工場立地、大学や研究機関の集積により、就業機会等が増加したことに伴い人口が流入しているケース。茨城県つくば市、茨城県神栖市など）

② 住環境の整備（産業集積地等が近隣にある地域において、土地区画整理等により住環境の整備が進んだことに伴い人口が流入しているケース。岐阜県美濃加茂市、愛知県長久手市など）

③交通環境の充実（鉄道や道路など、交通機関の整備により、大都市や地方中核都市へのアクセスが向上したことに伴い人口が流入しているケース。千葉県流山市、埼玉県伊奈町など）

これらは自治体の自助努力というよりも僥倖とも言える要素も強いということであるから、住民の転出抑制、人口増加について、シビック・プライドに過度の期待はできないであろう。

4 民主主義を内実あるものに

価値の多様性・民主主義の内実化

日本国憲法は、民主主義を基本原理としている。民主主義の本質は、形式的な多数決ではない。単なる多数決は多数の横暴になってしまう。民主主義の基本原理は価値の相対性である。つまり、他者の主張にも価値があることを認め、そのよいところを取り入れて、よりよいものに止揚していくのが民主主義の本義である。

このような民主主義が成り立つのは、共同体の課題に対し、市民自身が自律的に関与し、公共的な態度で臨むことが前提になる。自分の関心事だけでなく、まちのことや他者のことにまで思いが及び、それらの人々が持つ不安を乗り越える対案を出し合うことで、民主主義が機能する。

シビック・プライドは、市民一人ひとりが、まちに対する思いと、まちや地域をよくするために、自分自身が関わっていくという当事者性を内容とする。シビック・プライドと都市自体の魅力が相乗効果を発揮して、豊かな民主主義社会をつくっていくことになる。

住民自治の再構築

憲法92条は、地方公共団体の組織及び運営に関する事項は地方自治の

本旨に基づいて法律で定めると規定しているが、地方自治の本旨とは、住民自治と団体自治を意味するとされている。

これまでは、市民と自治体政府との関係を二項対立的にとらえ、市民が自治体政府をコントロールすることが住民自治とされてきた。

しかし、本来の住民自治は、地域の事柄は、地域の住民が自己の意思・責任に基づいて行うという原則である。古代アテネでは、抽選によって選ばれた市民自らが民会で政策決定を行い、住民の自治にふさわしい直接民主主義が行われていた。その後、国家機能が拡大するなかで、住民が選出した議会の活動を通じて民意を実現するようになるが、その過程で、住民自治は、自治体政府の運営をチェックするものに変容してしまった。

しかし、分権・協働時代の今日では、原点に戻って、住民が自ら治める（自律性、貢献性）ことそのものを問い直す必要がある（住民自治の再定義）。

まちや地域に対する市民一人ひとりの思いと、都市や地域をよくするために、自分自身が関わっていくという自負心は、再定義された住民自治を機能させる要素といえる。

4 シビック・プライドの 関連法・条例

　すでにシビック・プライドの法律等があるならば、それに準拠し、あるいは補強して、具体的に推進すればよい。他方、法律等がなければ、条例等の法規範を検討する必要がある。

1 シビック・プライドに関する法律

愛着、誇り、共感という用語が含まれる法律

　シビック・プライドという用語を直接、明言する法律はない。法令検索システムを使い、シビック・プライドの要素である「愛着」「誇り」「共感」という言葉が含まれる法律を検索すると、次頁の図表のようになる。[28] 18の法律がある。

地方自治法にはシビック・プライドの規定はない

　地方自治の基本法が地方自治法である（1947年・昭和22年制定）。全部で473条、1,500近くの条項に及ぶ大法典で、地方公共団体の区分、その組織や運営に関する事項の大綱、国と地方公共団体との間の関係などを規定し、それによって、民主的・能率的な行政の確保を図り、地方公共団体の健全な発達を保障することが目的である（第1条）。

　地方自治法は地方自治の基本法とされるが、そこに規定されているのは、地方公共団体の組織・運営に関する事項が大半であることに注意すべきで

図表Ⅰ-4-1　愛着、誇り、共感という用語が含まれる法律

法律名	愛着	誇り	共感	該当する規定	
				前文・第1条	基本理念
多極分散型国土形成促進法	○	○		●	
地域再生法	○	○			●
住生活基本法	○	○			
無電柱化の推進に関する法律	○	○			●
観光立国推進基本法	○	○		●	●
成育過程にある者及びその保護者並びに妊産婦に対し必要な成育医療等を切れ目なく提供するための施策の総合的な推進に関する法律	○				
少子化社会対策基本法		○		●	
地域資源を活用した農林漁業者等による新事業の創出等及び地域の農林水産物の利用促進に関する法律		○			
アイヌの人々の誇りが尊重される社会を実現するための施策の推進に関する法律		○		●	●
スポーツ基本法		○		●	
公共サービス基本法		○			
国家公務員制度改革基本法		○		●	
内閣府設置法		○			
看護師等の人材確保の促進に関する法律		○			
瀬戸内海環境保全特別措置法		○			●
地域資源を活用した農林漁業者等による新事業の創出等及び地域の農林水産物の利用促進に関する法律		○			
天皇の退位等に関する皇室典範特例法			○	●	
劇場、音楽堂等の活性化に関する法律		○	○	●	

ある。他方、住民の主体性に関する規定や今日の自治体運営に不可欠な規定（市民参加、情報公開、説明責任、協働等）に関する規定は、きわめて乏しい。つまり、地方自治は、行政と議会が行い、住民は役所を規律すれば地方自治はできるという思想でできている。

　ましてや地方自治法には、シビック・プライドの要素である「愛着」「誇り」「共感」という用語はなく、シビック・プライドは、片鱗も現れていない。

多極分散型国土形成促進法

　住民の誇り、愛着を条文に取り入れた最初の法律が、1988年（昭和63年）制定の多極分散型国土形成促進法である。第1条の目的に、多極分散型国土の形成を促進し、もつて「住民が誇りと愛着を持つことのできる豊かで住みよい地域社会の実現に寄与することを目的とする」と書かれている。

　第2条では、多極分散型国土の形成の促進に関する施策の策定及び実施に当たっては、「地域における創意工夫を尊重し」、「民間事業者、地域住民等の理解と協力を得るよう努めなければならない」と規定されている。

地域再生法

　シビック・プライドの考え方を取り入れ、地域の再生を目指すのが、2005年（平成17年）制定の地域再生法である。地方自治体が行う自主的かつ自立的な取り組みによる地域経済の活性化、地域における雇用機会の創出その他の地域の活力の再生（＝地域再生）を総合的かつ効果的に推進するため（第1条）の法律である。

　その第2条の基本理念には、「地域再生の推進は、少子高齢化が進展し、人口の減少が続くとともに、産業構造が変化するなかで、地域の活力の向上及び持続的発展を図る観点から、地域における創意工夫を生かしつつ、潤いのある豊かな生活環境を創造し、地域の住民が誇りと愛着を持つことのできる住みよい地域社会の実現を図ることを基本とし」と書かれている。

　本法がねらいとしている地域再生とは、困難な状況に直面している地域

を、従来のように国が一方的に支援するのではなく、あくまで住民や地域の「自助と自立の精神」、「知恵と工夫の競争による活性化」を前提に、「地域が自ら考え、行動する、国はこれを支援する」との役割分担の下に、地域経済の活性化と地域雇用の創造を図り、持続可能な地域再生を実現することである。

現時点でのシビック・プライドの考え方に、最も近接している法律といえる。

観光立国推進基本法

日本政府のインバウンド推進への取り組みは、2003年の小泉純一郎政権下で開始された「ビジット・ジャパン・キャンペーン」から本格化した。2006（平成18）年には、1963（昭和38）年に制定された旧「観光基本法」の全部を改正し、議員立法で観光立国推進基本法が制定された。以後、観光を21世紀における日本の重要な政策の柱として位置づけている。

観光立国推進基本法第2条（施策の基本理念）に、「観光立国の実現に関する施策は、地域における創意工夫を生かした主体的な取組を尊重しつつ、地域の住民が誇りと愛着を持つことのできる活力に満ちた地域社会の持続可能な発展を通じて国内外からの観光旅行を促進することが、将来にわたる豊かな国民生活の実現のため特に重要である」と明示している。

そのうえで、政府は、観光立国の推進に関する施策の総合的かつ計画的な推進を図るため、「観光立国推進基本計画」を定めることとし、国は、基本的施策として、国際競争力の高い魅力ある観光地の形成、観光産業の国際競争力の強化及び観光の振興に寄与する人材の育成、国際観光の振興、観光旅行の促進のための環境の整備に必要な施策を講ずることとしている。

この観光促進施策が、自治体におけるシティセールス政策の直接的な背景となっていった。

関連法

愛着や誇りは、いくつかの法律にも出てくる。2006（平成18年）制定の住生活基本法では、良好な居住環境の形成は、「住生活の安定の確保及び向上の促進に関する施策の推進は、地域の自然、歴史、文化その他の特性に応じて、環境との調和に配慮しつつ、住民が誇りと愛着をもつことのできる良好な居住環境の形成が図られることを旨として、行われなければならない」（第4条）としている。

2016年（平成28年）制定の無電柱化の推進に関する法律では、無電柱化の推進も、「地域住民が誇りと愛着を持つことのできる地域社会の形成に資するよう行われなければならない」（第2条第3項）としている。確かに、その通りかもしれないが、「誇りと愛着」の安売り感も否めない。

他方、共感は、天皇の退位等に関する皇室典範特例法と劇場、音楽堂等の活性化に関する法律の2例のみである。

2 自治基本条例

自治基本条例はシビック・プライドでつくられている

本格的なシビック・プライド条例といえるのが、自治基本条例である。

自治基本条例は、自治のあり方、まちづくりの基本を示し、それを実現するための仕組みを規定した条例である。現在、300以上の自治体でつくられているが、2011年3月11日の東日本大震災を境に、その性質は一変する。

大震災以前の前期自治基本条例は、ニセコのまちづくり基本条例に代表されるような民主統制型の条例である。役所の内部管理や民主的統制の手続が定められ、市民が、行政や議会を厳しくチェックすれば市民は幸せになれるという考え方でつくられている。

大震災を体験した後期は、協働型のまちづくり条例となる。まちや地域に対する市民の愛着、誇り、共感が基盤にあり、その上に立って、市民自ら考え行動し、他者と連携・協力しないと幸せな暮らしはつくれないと考える条例に変わる。

　例えば、2014年に制定された戸田市自治基本条例の前文は、「そして、私たちは、自治が確立され、誰もが安心して安全に暮らすことができ、住んでいて幸せと感じるまち、誇りの持てるまちを目指し、この条例を制定します」と締めくくっている。

　シビック・プライドの要件である市民一人ひとりの愛着、誇り、共感に加え、自らも共同体の一員として、まちや地域をよくするために、自分自身が関わっていくという当事者性も、自治基本条例の仕組みのなかに、盛り込まれている。

　したがって、愛着、誇り、共感といった市民の思いとまちづくりの主体であるという当事者性の視点が不足する自治基本条例を持つ自治体では、独自のシビック・プライド条例等による補完が必要になる。他方、この視点が十分、盛り込まれている自治基本条例を持つ自治体は、シビック・プライドの土台は揃っていることになるから、シビック・プライドをさらに深化させるための条例や計画の策定、さらには実践的な取り組みを行っていけばよいことになる。

自治基本条例とシビック・プライドの共通部分

　自治基本条例は、シビック・プライドの条例ともいえるが、ここでは戸田市自治基本条例を例に、シビック・プライドとの共通部分を示しておこう。

　戸田市自治基本条例は、2012年度から3年をかけて重層的な市民参加手続を経て制定されたもので、共同体の一員として、市民の当事者性に注力した条例である。自治基本条例の情報共有、参加、協働等の仕組みは、シビック・プライドの当事者性を具体化する仕組みである。

図表 I -4-2　自治基本条例とシビック・プライドの共通部分

関連規定	戸田市自治基本条例
愛着、誇り、共感	前文 そして、私たちは、自治が確立され、誰もが安心して安全に暮らすことができ、住んでいて幸せと感じるまち、誇りの持てるまちを目指し、この条例を制定します。
当事者性	（協働の原則） 第4条　市民、議会及び行政は、それぞれが役割を意識し、それぞれの力を発揮し、互いを尊重し、まちづくりを進めます。 （参加・参画の原則） 第5条　市民は、自治の主体として、積極的にまちづくりに参加し、また、計画段階から参画するよう努めます。 2 行政は、市民の意思をまちづくりにいかすため、市民がまちづくりに参画できる機会を保障します。 （情報共有の原則） 第6条　市民は、互いにまちづくりのための情報を提供し合い、共有できるよう努めます。 2 行政及び議会は、それぞれが持つまちづくりに関する情報を積極的に提供し、市民と共有します。 （協議の原則） 第7条　市民同士又は市民及び行政は、まちづくりを進めるに当たり、互いの意思疎通を図るため、積極的に協議します。 （市民の役割） 第9条　市民は、自治の主体であることを自覚し、市民相互の連携を図って地域課題を自ら解決する意識を持つよう努めます。 2 市民は、互いに尊重し合い、かつ、近隣との交流を深め、共に助け合える地域社会づくりに努めます。 3 住民は、町会・自治会等及びボランティア団体等をまちづくりの担い手と認識し、その活動を尊重するよう努めます。 （市民活動団体の役割） 第10条 町会・自治会等は、多くの地域住民の参画を促しつつ、子どもや若者も参加しやすい地域に根ざしたまちづくりを推進するよう努めます。 2 町会・自治会等及びボランティア団体等は、開かれた団体運営に努めるとともに、次代を担う指導者の育成に努めます。 3 町会・自治会等及びボランティア団体等は、互いに連携し、協力してより良いまちづくりに努めます。

3 シビック・プライド関連条例

WE LOVE とよた条例

　最初のシビック・プライド条例と言われるのが、2017年（平成29年）に制定された愛知県豊田市の「WE LOVE とよた」条例である。

　条例自体は、前文と本文2条の理念型条例である。ただ、豊田市の場合は、市民の当事者性を前面に打ち出した事実上のシビック・プライド条例ともいえる自治基本条例があり、それをさらに推進するところに本条例の意義があることに注意すべきである。

　この条例では、前文では、まちや地域の魅力を謳いあげ、その魅力に気づき、愛情と誇りを持って、次の世代の引き継いでいくことを宣言している。

　私たちのまちは、多様な魅力にあふれたまちです。

　それは、豊かな自然とその恵み、栄えある歴史と受け継がれてきた伝統、多彩な文化、世界に誇るものづくりの技術や技能、盛んな芸術やスポーツ、市民の活発な活動、多くの人々を受け入れ認め合う風土、都市部と山村部の共存と交流などです。

　私たちは、その魅力に改めて気付き、共に絆と信頼を深めながら、愛情と誇りを持って行動し、魅力にあふれたまちを次の世代に引き継いでいきたいと願っています。そして、人や地域が優しさでつながり、多様な楽しみを尊重し分かち合うことで、誰もが幸せを感じる「わくわくする世界一楽しいふるさと」を目指していきます。

　私たちは、こうしたことを「WE LOVE とよた」の取組とし、持続可能なまちを実現するために、このまちに関わる全ての人々と共に推進していくことを決意し、この条例を制定します。

本文は、基本理念と行動計画の2条のみである。基本理念では、まちを楽しむことが強調されている。市民自らが楽しく暮らし、その楽しさを他者に伝えていくという考え方である。

（基本理念）

第1条　私たちは、次に掲げる事項を「WE LOVE とよた」の取組の基本とし、自らの意思で行動していきます。

　(1)　互いを尊重しながら、とよたの魅力を自由に楽しみます。

　(2)　とよたの魅力を周りの人々に伝え、共に楽しみます。

　(3)　互いに協力しながら、とよたをもっと楽しくします。

　全2条のうちの1条が、行動計画に関する規定という点が重要である。シビック・プライドを暮らしに取り入れ、理解と共感の輪を広げていくために、行動しようという条例である。

（行動計画）

第2条　私たちは、「WE LOVE とよた」の取組を推進していくために、次に掲げる事項について行動計画を作ります。

　(1)　とよたの魅力を知り、これを暮らしに取り入れ、発信し、高めていくこと。

　(2)　「WE LOVE とよた」の取組への理解と共感の輪を広げていくこと。

さがみはらみんなのシビックプライド条例

　さがみはらみんなのシビックプライド条例は、名称にシビックプライドを持つ唯一の条例である（2021年3月制定）。

　条例第1条の目的では、「この条例は、相模原市と関わりのあるみんなのシビックプライドを高めることを目的とします」と宣言している。

　第2条ではシビックプライドを定義し、「相模原市に対する誇り、愛着及

び共感を持ち、まちのために自ら関わっていこうとする気持ちのことをいいます」としている。愛着、誇り、共感と並んで、当事者性がシビックプライドの要素であることを明示している。

　ただ、第4条以下のこの条例を動かす施策規定になると、まちの当事者性を高めるため規定は薄まり、[29] シティプロモーションの色彩が濃い条例となってしまった。これは、この条例づくりの端緒が、最低だった相模原市のシビック・プライドのランキングを上げようというものだったので、シティプロモーションの枠を超えられなかったためだと思われる。

　また、第5条の市の責務では、「市は、相模原市と関わりのあるみんなのシビックプライドを高めるための取組を推進します」としたうえで、第8条の計画では、「市長は、相模原市と関わりのあるみんなのシビックプライドを高める取組を効果的かつ計画的に推進するための計画を定めます」としている。具体的内容は、次の計画に委ねるというつくりは、現実的・実践的であるが、反面、市民の当事者性を役所が指示するという歪みが生じるおそれもある。

　相模原市は、自治基本条例を持たない自治体なので、市民の当事者性に前面に押し出すほうがよかったように思う。

シティプロモーション条例

　シビックプライド条例と近接しているのが、シティプロモーション条例である。

　主なものとして、三重県四日市市観光・シティプロモーション条例（2016年制定）と和歌山県有田市観光・シティプロモーション条例（2017年制定）がある。

　四日市市条例では、シティプロモーションを「地域資源に対する市民等の誇りの醸成を基礎として、地域の魅力を創造し、磨き上げ、発信することによって、都市イメージの向上を図る活動」（第2条5号）と定義している。

　そのうえで、基本理念（第3条）として、次の6点を示している。

(1) 地域資源に対する市民等の理解と関心を深め、地域における創意工夫を生かした自主的かつ主体的な取組を尊重すること。

(2) 地域に誇りと愛着を持ち、温かなもてなしを実践することが重要であるという認識の下に推進すること。

(3) 将来にわたる持続的な取組を実現するためには、良好な自然環境、景観及び歴史的又は文化的資産の保全、再生及び活用を図ることが重要であるという認識の下に推進すること。

(4) 市及び市民等の相互の連携を確保するとともに、国、県及び他の地方公共団体との広域的な連携を推進すること。

(5) 四日市市が公害を経験し、産業振興と環境保全を両立してきた都市であるという基盤を生かし、国内外の環境改善の取組に貢献するという認識の下に推進すること。

(6) 四日市市の今までの歩みを大切にし、本市の豊かな地域資源及び地域の魅力を国内外に向け効果的に発信するという認識の下に推進すること。

　この理念を具体化するために、市の責務（第4条）、市民等、事業者及び団体の役割（第5条～第7条）を定めるとともに、助成措置、情報の発信、地域資源の発掘と魅力の創造、来訪の促進、地場産品の利用等の推進、市民の誇りともてなしの心の醸成及び良好な景観形成及び利便性の向上といった施策を例示している（第8条～第15条）。

おもてなし条例

　観光立国推進基本法の基本は、住んでよし、訪れてよしの国づくりであり、またインバウンド観光は、地方創生の切り札であることから、2010年頃から、観光振興や地域名産品の普及を目的に、おもてなし条例が制定されている。

　おもてなしは、「相手を喜ばせ、満足してもらうために相手の立場に立ち、相手の目的・状況・ニーズに合わせて気配りし、それに基づいて行う直接的または間接的な行為[30]」であるので、市民一人ひとりの自発性、内発性が

前提で、それに基づいて、一人ひとりが地域の魅力を再確認し、行動する契機となるようにするのが立法目的である。

愛媛県大洲市おもてなし条例（2019年制定）では、おもてなしとは、「郷土への誇りと愛着を持って、心からの笑顔、挨拶、声掛け等により大洲市を訪れる人（以下「来訪者」という。）を温かく迎え、心を込めて接し、思いやりを持って振る舞うことで、来訪者が「訪れてよかった、また行きたい」と思えるようにすることをいいます」（第2条）としている。

都市ブランド条例

都市ブランド条例といえるものもある。岩手県二戸市宝を生かしたまちづくり条例（2006年制定）は、宝（＝都市ブランド）を生かしたまちづくりの基本理念を明らかにするとともに、その他必要な事項を定めるものである。

第2条の基本理念では、「宝を生かしたまちづくりは、広く市民が慣れ親しみ、誇りとし、育まれてきた自然、歴史、文化及び人物を二戸市の宝と位置付け、市民参加によりこれらを守り、活用し、将来にわたって継承するものとする」とする。

そのうえで、宝を守り、育てるために、市の責務（第3条）、市民と市の協働（第4条）、宝を生かしたまちづくり活動への支援（第5条）、宝を生かしたまちづくり推進委員会（第6条）の規定が置かれている。

変わったものとして、広島県福山市ばらのまち条例（2015年制定）は、「ばらのまちづくりを通じてこれまで引き継がれてきたローズマインド（思いやり・優しさ・助け合いの心）を福山の文化として根付かせ、世界に誇れる「ばらのまち福山」の実現を目指すもの」（第2条・基本理念）としている。

市民主役条例

福井県鯖江市の市民主役条例（2010年制定）は、実質的にはシビック・プライド条例でその内容も本格的である。

その前文には、「わたしたち（市民および市をいう。以下同じ。）は、市民一人

ひとりの前向きな小さな声を集め建設的な大きな声とすることにより、思いを一つにし、ふるさとの再生に向けて喜びや痛みを共有、共感できるまちづくりを目指していきます」と書かれている。

　基本理念には、シビック・プライドの内容が、規定されている。

（基本理念）

第2条　わたしたちは、まちづくりの主役は市民であるという思いを共有し、責任と自覚を持って積極的にまちづくりを進めます。

2　わたしたちは、まちづくりの基本は人づくりであることを踏まえ、それぞれの経験と知識をいかし、共に学び、教え合います。

3　わたしたちは、自らが暮らすまちのまちづくり活動に興味、関心を持ち、交流や情報交換を進めることで、お互いに理解を深め、協力し合います。

4　市は、協働のパートナーとしてまちづくりに参加する市民の気持ちに寄り添い、その意思を尊重するとともに、自主自立を基本とした行政運営を進めます。

　第3条以下には、ふるさと学習（第3条）、鯖江ブランド創造（第4条）、ふるさと産業（第5条）、地産地消（第6条）、地域づくり（第7条）、ボランティア、市民活動（第8条）、情報の集約、発信（第9条）、市民と行政の情報共有（第10条）、市民参画（第11条）等の規定がある。

　ちなみに、鯖江市はJK課で有名で、普段は、まちづくりに縁が薄い女子高校生を主役にする取り組みであるが、その活動内容も、この条例の第3条以下に規定する地道なものが多い。

協働条例

　協働に特化した市民協働条例は、シビック・プライドの理念をもとにその具体化をした条例である。

例えば、横須賀市市民協働推進条例（2001年制定）の前文は、「今後は、市民による自発的な活動や市民公益活動の意義を一層深く認識し、その自主性、自立性を尊重しながら、節度のあるパートナーシップをもって、市民協働によるまちづくりを推し進めることにより、将来にわたって市民が誇りの持てる個性豊かな地域社会の実現を目指して、ここに、この条例を制定します」とし、そのうえで、協働を推進するための規定が置かれている。

現在の協働条例の到達点は、岡山市協働のまちづくり条例（2015年制定）であるが、ここには①地域拠点・地域コーディネート機能整備、②人材育成、③団体育成支援、④多様な主体から情報発信・情報提供、⑤多様な主体交流機会の提供、⑥すぐれた取組の表彰、⑦協働事業へ補助金交付、⑧土地・施設等無償貸与、⑨コーディネート機関の設置等が規定されている。これらは、シビック・プライドの当事者性をサポートする規定といえる。

景観条例

景観条例も、まちの誇り、まちへの愛着がコンセプトになっている。

兵庫県尼崎市都市美形成条例は、前文で、「わたしたち市民は、尼崎のまちがすべての市民にとって、かけがえのない共有財産であることを認識し、先人の英知と情熱を受け継ぎ、ともに力を合わせ、誇りと愛着と活力のある美しいまちを目指し、この条例を制定する」としている。

ちなみに、この条例は、1984（昭和59）年の制定である。多極分散型国土形成促進法の制定が、1988年（昭和63年）であるので、地方では国に先駆けて、「誇りや愛着」をキーワードとした政策立案が行われていたことになる。

また、秋田県仙北市景観条例（2015年制定）は、その目的として、「ふるさと仙北らしい景観を守り、育て、つくることをもって一層愛着と親しみと誇りの持てる美しい市とすること」としている。「親しみ」は、共感につながっているといえよう（同旨、愛知県瀬戸市景観条例（2010年制定）、福島県白河市景観条例（2010年制定）、青森県黒石市景観づくり条例（2014年制定）。

文化芸術・スポーツ条例

文化芸術・スポーツでも、愛着や誇りが、コンセプトになっている。

東京都品川区文化芸術・スポーツのまちづくり条例（2007年制定）では、「文化芸術とスポーツは、すべての世代にわたって地域への愛着と誇りをはぐくむ確かな礎であり、次代を担う子どもたちにとっても大きな励ましである」（前文）としている。

福岡県久留米市文化芸術振興条例（2006年制定）、長野県長野市文化芸術及びスポーツの振興による文化力あふれるまちづくり条例（2009年制定）などの例がある。

5 シビック・プライド政策の理論

　シビック・プライド政策の理論は、これまでほとんど検討されてこなかった。この理論が曖昧だと、シビック・プライドは、シティプロモーションに流れてしまう。本書では、新しい公共論と協働の理論に依拠して、シビック・プライドを考えている。

1 新しい公共論とシビック・プライドの展開

公私二分論

　従来の公共領域とその担い手の関係は、公私二分論、つまり公共領域は政府が担当するのに対して、私的領域は民間が担うという区分で考えられていた。そして、既存の法律や制度は、基本的には、この公私二分論で構築されてきた。

　公私二分論によると、政府の役割は、次のように整理できる。

①公共性の維持・実現は、政府の役割であるのに対して、民間の目的は、私的利益の追求にある。

②公共政策の形成（政策決定、実施、評価）は、政府に任せておけばよかった。市民は政策の主体ではない。せいぜい政府の決定に参与する補助的役割か、政府の活動が、公平・公正かつ効率的に行われるかのチェックが市民の役割である。そのための制度や仕組み（議会によるチェック、監査制度、行政手続法や情報公開法等）が発達した。

③公共は政府が担うから、公共性の判断は、政府の判断が優先することに

なりがちである。その結果、公共の利益とは、事実上、政府の利益と見られる結果となった。

しかし、こうした公私二分論が、実態とは合致していないことは、さまざまな場面で顕在化している。

その端的な例が、大震災のときである。未曾有の被害が発生するなかで、その対応は、政府だけではできず、一人ひとりの市民の自律・自助や自治会・町内会等の地域コミュニティ、NPO等の主体的取り組み、参加、協働がなければ対応できない。

新しい公共論

今日のように、経済社会が成熟し、価値観が多様化しているなかで、市民から信託された自治体（行政、議会）による一元的な決定だけでは自治経営ができなくなってきた。そこで、自治会・町内会等の地域コミュニティ、NPO等の民間セクターを公共主体として位置付け、多元的な公共主体による多様なサービス提供によって、豊かな社会を実現していこうというのが、新しい公共論の考え方である。

図表 I-5-1　新しい公共論

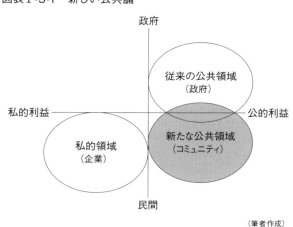

（筆者作成）

実際、公共政策の各分野で地域コミュニティやNPOは、公共の一翼を担う活躍をしているが、これは一過性のことではない。ポスト福祉国家、脱工業社会における必然的で構造的な理由に基づくものであるから、あらゆる政策分野で、この傾向は、今後もますます顕著になっていく。

新しい公共論とシビック・プライド

従来の公私二分論によれば、私的領域については、行政は関与しないのが原則であるが、新しい公共論に立てば、私的領域の問題であっても、公共性が高いものについて、積極的に関与していくことになる。例えば空き家やごみ屋敷の問題は、その典型的なものである。

その場合の政策手法は、私的領域では、行政が強制力を持って問題を解決するという行政法的手法では限界があり、相手方の当事者性を基本とする誘導支援手法が中心となる。

新しい公共論においては、市民一人ひとりが、まちに対する愛着、誇り、共感を持ち、まちや地域をよくするために、共同体の一員として自分自身が関わっていくという当事者意識を伴うシビック・プライドの考え方が、存在意義を持つ。新しい公共論のもとで、シビック・プライドに基づく諸政策が有効に展開できることになる。

2 協働とシビック・プライドの育成

協働とは何か

協働という概念は、日本で言えば、1990年代、人口オーナス時期に入り、税金で地方自治ができる時代が終焉するなかで生まれてきた。市民が幸せに暮らせる社会の実現は、政府への要求や監視だけでは、実現しないことが明らかになるなかで、政府とは違うもう一つのルート、つまり市民がそ

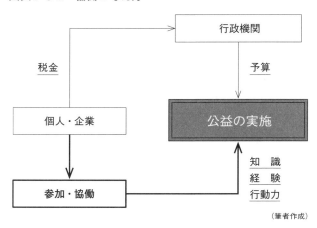

図表I-5-2　協働の考え方

```
                              ┌─────────────────────┐
                    ┌────────→│      行政機関        │
                    │         └─────────────────────┘
                    │税金                    │予算
                    │                        ↓
          ┌─────────────────┐    ┌─────────────────────┐
          │  個人・企業     │    │    公益の実施        │
          └─────────────────┘    └─────────────────────┘
                    │                        ↑
                    ↓                     知　識
          ┌─────────────────┐          経　験
          │  参加・協働     │──────────行動力
          └─────────────────┘
```

（筆者作成）

　の知識、経験、行動力を存分に発揮して行くことの意義が認識された時期に、いわば必然のように協働の概念は生まれてきた。

　協働概念の背景となるのは、新しい公共論で、協働は、「行政とともに市民（地域コミュニティ、NPO等も含む広い意味）も公共の担い手として、それぞれの得意分野で存分に力を発揮する」ことである。[31]

　そして、市民が公共の主体と言えるためには、市民自身が自立（自律）していることが前提で、公共主体としての当事者性も求められる（市民の公共性）。同じ公共の担い手として、両者の信頼関係も重要である。

市民の公共性の根拠

　公共主体としての政府は、公的な責任を負うが、その性質の根源は、主権者である市民からの信託を受けたという点で、責任の内容は、市民に対する説明責任等である。

　これに対して、公共の担い手としての市民も、一定の公共的な責務を負う。具体的には、社会貢献性のほか、一定の情報公開や説明責任が問われるが、とりわけ補助金などの形で税金による支援を受けた場合は、行政と同様の

情報公開や説明責任を果たすべきである。ただ、この責任の性質は、行政とは異なる。なぜならば、市民は、主権者から信託を受けていないからで、その性質は、公共主体としての社会的責任の一種と考えてよいと思う。

協働の基本としてのシビック・プライド

協働は、行政とともに市民も公共の担い手として、それぞれの得意分野で存分に力を発揮することであるが、それには、市民一人ひとりが、まちに対する思いを持ち、まちや地域をよくするために、共同体の一員として、自分自身が関わっていくという当事者意識が前提である。

このシビック・プライドの育成には、①補助、委託、後援等の直接的な支援策のほか、②情報、場所、機会の提供などの条件整備、さらには、③逃げない姿勢、温かいまなざしなどといったソフトで間接的な支援策を重層的に展開することが必要である。[32]

注

1 伊藤香織（2008 年）「シビックプライドとは何か」『シビックプライド』宣伝会議、p.164

2 市政モニター 200 名に対するものである（平成 30 年 9 月 11 日〜 9 月 25 日実施）。

3 多くのランキングは、「幸せかどうか」を聞く主観的指標を採用するが、日本総合研究所の幸福度ランキングは、幸福に関係しそうな指標を集めて合成するという客観的指標を採用している。また、この調査では、幸福を「その社会に暮らす個人がそれぞれの私生活主義的な豊かさによる幸福を超えて、利他や地域との一体感を共有でき、その中で自己の存在意義を認めていける」こととしており、幸福の定義を民主主義の定義との近似値で考えている。

4 2020 年は、愛着、誇り、共感、継続居住意向、他者推奨意向の第 1 位は、すべて東京都港区となった。

5 2017 年 6 月 14 日に調査結果レポート「市民のプライド・ランキング」が発表されている。この調査では、相模原市は、市民の「愛着」「誇り」とも 21 都市中、最下位となった。「住むこと」を知人・友人に勧められるかでも、最下位となった。これが、相模原市が、シビック・プライド政策に取り組むきっかけの 1 つとなっている。

6 経済産業省は、地域ブランド化を、「(1) 地域発の商品・サービスのブランド化と、(2) 地域イメージのブランド化を結びつけ、好循環を生み出し、地域外の資金・人材を呼び込むという持続的な地域経済の活性化を図ること」（独立行政法人中小企業基盤整備機構『地域ブランドマニュアル』）と定義している。

7 東洋経済オンライン（https://toyokeizai.net/articles/-/104375　閲覧日：2021 年 3 月 30 日）

8 ソーシャル・キャピタルを主唱したアメリカの政治学者ロバート・パットナム（Robert D. Putnam）は、地方制度改革を行ったイタリアを調査して、地域ごとに制度パフォーマンスに差が生じるのは、ソーシャル・キャピタルの豊かさの違いだとした。ソーシャル・キャピタルの考え方のすぐれたところは、信頼、つながり、参加・交流といった目に見えないが、社会を豊かにする有用な資源を「社会的な資本」としてとらえた点である。

9 同旨、伊藤香織（2008 年）「シビックプライドとは何か」『シビックプライド』宣伝会議、p.164

10 このようにシビック・プライドの内容であるまちや地域への愛着、誇り、共感、自らがまちや地域の形成に関わっているという認識・自負心は、特別なものではなく、これまでも普通にあったことであるが、これをシビック・プライドという言葉で、ひとことで表現したのが妙である。

11 ベネディクト・アンダーソン、白石隆・白石さや訳（1987 年）『想像の共同体—ナショナリズムの起源と流行』リブロポート（「増補」が NTT 出版より 1997 年に、「定本」が書籍工房早山より 2007 年に出版）

12 介護保険や国民健康保険では、地域保険の考え方から、住民票のある市町村が保険者となるのが原則であるが、その原則のみだと、介護保険施設等の所在する市町村に給付費の負担が偏ってしまうことから、施設等の整備が円滑に進まないおそれがある。そこで、特例として、施設に入所する場合には、住民票を移しても、移す前の市町村が引き続き保険者となる仕組み（住所地特例）を設けている（介護保険法第 13 条、国民健康保険法第 116 条の 2）。要するに、ここでは自治体は、すでに転出した住民（域外住民）に、給付費等のサービスを行っていることになる。

13 東日本大震災による原発事故で、多くの住民が、市町村の区域外に避難し、または住所を移転することを余儀なくされた。居住の事実という客観的要素から見れば、元の市町村は、住所とは言えないが、いずれ帰還したいという避難住民の意思も無視することはできない。そこで、「東日本大震災における原子力発電所の事故による災害に対処するための避難住民に係る事務処理の特例及び住所移転者に係る措置に関する法律」では、住民票を残したまま避難した住民に対する適切な行政サービスを提供するために「避難住民」という住民概念をつくり、また住所を移転した住民が元の自治体との関係を維持するために「特定住所移転者」という新たな概念を創設している。

14 アリストテレスも、「「支配された者でなければ善き支配者たることはできない」という言葉も実際真実である。そして、この両者の徳は異なってはいるが、しかし、善き国民は支配されることも知り、かつできなければならない。そうして、それが国民の徳である」と言っている（アリストテレス、山本光雄訳（1969 年）『政治学　アリストテレス全集 15』岩波書店、p .101)。

15 伊藤香織教授の一連の著作がある。論文としては、伊藤香織（2019 年）「シビックプライドを醸成するまちと市民の接点」『住民がつくる「おしゃれなまち」—近郊都市におけるシビックプライドの醸成—』日本都市センター、pp.89-100。牧瀬稔「注目を集める「シビックプライド」の可能性」同上 pp.70-87

16 石盛真徳（2004 年）「コミュニティ意識とまちづくりへの市民参加—コミュニティ意識尺度の開発を通じて」『コミュニティ心理学研究』7 巻 2 号、pp.87-98

17 鈴木春菜・藤井聡（2008 年）「地域愛着が地域への協力行動に及ぼす影響に関する研究」『土木計画学研究』25 巻 2 号、pp.357-362

18 若林直子・赤坂剛・小島隆矢・平手小太郎（2000 年）「住民の防災意識の構造に関する研究その 3：地域コミュニティとの関わりを表す項目を含む因果モデル」『学術講演梗概集』、pp.807-808

19 豊田尚吾（2013 年）「「地域への愛着」が地域再生に果たす役割—地域アイデンティティ確立に貢献」『日本経済研究センター「地域アイデンティティ」研究会報告書』、pp.155-168

20 鈴木春菜・藤井聡（2008 年）「「地域風土」への移動途上接触が「地域愛着」に及ぼす影響に関する研究」『土木学会論文集 D』64 巻 2 号、pp. 179-189

21 国土交通省国土計画局（2003 年）「個性ある都市づくりに関するアンケート調査」

22 佐藤滋（2004 年）「まちづくりとは何か—その原理と目標」『まちづくりの方法』丸善、pp.3-4

23 同旨「人々のアイディアや技術などの資本が、都市にとっての財産である。都市のあちこちに散らばっているそうしたリソースを集めて編集することで、シビックプライドが都市を発展させていく力になる」伊藤香織（2008 年）『シビックプライド』宣伝会議、p.169

24 マンサー・オルソン（Mancur Olson）は、集合行為について、自分は参加せずに、他者の活動の成果だけを享受することは、ある意味では、理に適った合理的な選択なので、「ただ乗り（フリーライダー）」が起こりやすいと指摘している。マンサー・オルソン、依田博・森脇俊雅翻訳（1996 年）『集合行為論—公共財と集団理論』ミネルヴァ書房

25 引地博之・青木俊明・大渕憲一（2009 年）「地域に対する愛着の形成機構—物理的環境と社会的環境の影響—」『土木学会論文集 D』65 巻 2 号、pp.101-110

26 国土交通省国土計画局（2003 年）「個性ある都市づくり に関するアンケート調査」

27 公益財団法人神奈川県市町村振興協会市町村研修センター（2016 年）『平成 27 年度政策形成実践研究報告書　人口減少社会への順応—フルセット行政からの脱却—』

28 e-Gov 法令検索（https://elaws.e-gov.go.jp　閲覧日：2021 年 3 月 15 日）

29 第 4 条（市長の責務）では、「市長は、自ら相模原市の魅力を発信します」とされている。もちろん、それも重要であるが、市民の内発性・当事者性を高めるため、市長がリーダーシップを発揮することを最初に宣言すべきだったと思う。また、第 6 条では、市民の役割として、「市民は、相模原市への関心を持つこと及び魅力の発見に努めます」とされている。シビック・プライドの定義である「まちのために自ら関わっていこうとする気持ち」（主体性・当事者性）が、十分、伝わらない表現となってしまった。相模原市は、シビックプライド条例の制定を受けて組織改編を行い、シビックプライド推進部をつくったが、この条例の所管は、観光・シティプロモーション課となった。

30 長尾有記・梅室博行（2012 年）「おもてなしを構成する要因の体系化と評価ツールの開発」『日本経営工学会論文誌』63 巻 3 号、p. 129

31 松下啓一（2009 年）『市民協働の考え方・つくり方』（萌書房）

32 松下啓一（2013 年）『協働が変える役所の仕事・自治の未来』（萌書房）

II

シビック・プライドの政策化

1 政策化の基本視点

　シビック・プライド政策をどのように進めるのか、その基本視点を明確にしておく必要がある。この基本視点を曖昧にすると、シティセールスや地元出身タレントを呼んできての「まちが好きです」イベントに終わってしまうおそれがある。

1 資産・資源としての市民

シビック・プライドの権利

　政策論としてのシビック・プライドは、市民の思いや当事者性が、まちや地域の発展に寄与する資産・資源であるという立場である。

　この視点に立てば、市民は、自分自身の暮らしや自分の住むまちや地域、社会全般の発展に関与し、その発展に参画できる権利を持っていることになる。それは同時に、自分の行動に対して責任を負うということでもある。

　権利概念は、歴史的に見れば、国家権力の乱用から個人の自由を守るものとして生まれたもので、その名宛人は国や自治体であり、その権利保護のために、司法に救済を求めることができるという裁判規範性を持つが、シビック・プライドに基づく権利は、防御的な権利ではなくて、創造的な権利で、また、この権利の名宛人は、自治体や国家だけではなく、まちや地域、学校、社会に対しても向けられている。シビック・プライドに基づく権利は、多種多様な利害関係者によって、政策的な措置が取られるように誘導する行為規範であると言える。

当事者としての市民の創出

シビック・プライドが目指すのは、自治体政府にサービスを要求する権利者としての市民、あるいはサービスを享受する顧客としての市民とは異なる、当事者としての市民の創出である。

環境問題でもわかるように、市民を取り巻く諸課題では、市民は被害者であるとともに加害者としての側面を持っている。したがって、市民は、政府に要求するだけでも、あるいは第三者として傍観しているだけでも、これら諸問題を解決できない。当事者の一人として、問題を考え、問題解決のために行動していくことが求められる。

シビック・プライドは、まちや地域への愛着、誇り、共感といった主観的な思いにとどまらず、これら主観的要素を活かして、共同体の一員として、社会的な責任を果たすことのできる市民を育て、実際に社会に参加し、そこで他者に対する応答的な責任を果たしていく市民（当事者主権）を創出することが、その意義である。

2 社会資本としてのシビック・プライド

社会資本の意義

社会資本については、さまざまな定義があるが、「直接生産力がある生産資本に対して、間接的に生産資本の生産力を高める機能を持つ社会的間接資本」であり、社会資本には、「効率性、生産性等の向上が図られ経済活動を誘引する効果や、生活環境を向上させることにより、快適性、ゆとり等を創出する」ストック効果がある。

シビック・プライドも、社会を活発化し、豊かにするとともに、社会を効果的・効率的にするという効果があり、社会資本の一種といえるだろう。

ただ、この愛着、誇り、共感及び当事者性が主観的要素にとどまって

いるかぎりは、政策の対象となりにくい。社会資本にふさわしい、客観化、見える化が必要になる。

社会資本として政策化する

シビック・プライドを社会資本とするには、次の諸点の論証が必要である。

①前提となるのが、シビック・プライドの要素である愛着、誇り、共感及び当事者性は、本当に社会を活発化し、豊かにするか、その検証である。地域愛着が持つインパクトについては、かなりの先行研究がある（Ⅰ-3参照）。

②次に、資本というからには、愛着、誇り、共感及び当事者性を定量的に把握できなければいけない。どのように測定するのか、定量化の手法を開発する必要がある（Ⅱ-5参照）。

この点は、ソーシャル・キャピタルでは、独自のアンケート調査結果や既存統計データを用いて測定している。本書では、シビック・プライドについても、計測可能な、より客観的な住民アンケートモデルを提案している。

③さらに、愛着、誇り、共感を培養し、当事者性を高めるにはどうしたらよいか。自治体政策では、ここが一番の肝要で、そのための新たな制度や仕組みをどのように構築するかがポイントになる。また、新たな制度・仕組みと同時に、既存の仕事を愛着、誇り、共感や当事者性から再構築するという点も重要である（Ⅱ-6、7、8、9参照）。

3 シビック・プライドで注意すべきこと

ある町の事例から考える

鎌倉市は、首都圏有数の高級住宅街として、住みたい街ランキングでは、常に上位を占めている自治体である。課税対象所得（納税義務者1人当たり）

でも、全国でも上位を占めていて、お金持ちが住む自治体でもある。読売広告社のシッビクプライドランキング（2018年）では、鎌倉市は、「愛着」、「誇り」とも、全国第2位を占めている。鎌倉市民による住民意識調査[2]でも、これからも「住み続けたいと思う」が86.8％ときわめて高いことなどから、シビック・プライドの高い、誇り高き自治体といえよう。

　ところが、鎌倉市のごみ処理を見ると、現在の可燃ごみ焼却処理施設は、2025年に廃止となるが、新たな焼却施設の建設計画が、地元住民との話し合いで頓挫したため、今後は建設しないことになった。いくら減量化してもごみは出るが、それは近隣自治体（逗子市）との広域連携か、民間事業者による処理（要するにお金で解決）することとなった。[3]民間業者は、結局、北関東や東北地方の過疎地に運搬して、処理することになるのだろう。

　一般廃棄物は自区内処理が原則であるが、これは自分たちの出したごみは、自分たちで処理するという当たり前のことの表れである。自分たちの問題は、自分たちで解決するのが自治の基本であり、自分たちが出したごみを他の自治体住民の負担で処理するといったことは、シビック・プライドの高さを誇るまちにとっては、「名折れ」というべきことであるが、実際には、各地で、こうした事例が散見される。

　シビック・プライドが、まちや地域への愛着、誇り、共感にとどまり、もう一つの要件である当事者性が、なおざりにされている例と言えるだろう。

当事者性の意味と実践

　シビック・プライドは、自己愛や優越意識に連なるので、気を抜くと、偏狭なパトリオティズムに陥ってしまうおそれもある。

　先行研究でも、自己愛傾向の高い人は、優越感・有能感に基づく自己誇大感の増大によって他者を顧みなくなり、その結果、共同性の欠如がもたらされることが指摘されている。[4]

　たしかに、自分に自信があれば、他者も許容でき、そこから協力関係が生まれ、自分も他者も大切であるという感覚が身についていくはずである

が、その自信が、中途半端であったり、自己中心的になると、他者を軽視し、共感性が乏しくなることは、容易に理解できることである。

　その意味でも、シビック・プライドの概念に、愛着や誇りだけでなく、共感、つまり相手の立場で考えること、あるいは相手の感情を共有できることが含まれていることには積極的意味がある。

　また、自分も、まちや地域の一員として、ここをよりよい場所にするために関わっていくという当事者性が、シビック・プライドのもう1つの重要な要件であることを深く自覚する必要がある。

4 シビック・プライド政策を体系的にとらえる

　シビック・プライドを正面からとらえて、政策として体系的に推進していくことで、

① これまで個別・縦割りで取り組んできたものを総合的、効果的に展開することが可能となる。施策全体を一覧できるようになるので、関係者においても、シビック・プライド政策の意義や方向性を共有できる。

② シビック・プライド政策に対する考え方を共有することができるので、若者や市民活動団体等の主体的参画が期待できるとともに、関係者が協力、連携して、シビック・プライド政策を進めることが可能になる。

③ シビック・プライドに関する施策・手法については、未開発の分野も多いが、政策としてシビック・プライド問題に取り組むことで、新たな施策や手法等の開発を促進することになる。

2 シビック・プライド政策の主体・対象者

シビック・プライド政策は、行政だけでは実現ができない政策である。多くの関係者の主体的取り組みと相互の連携・協力が必要になる。

1 市民

住民

住民とは、「市町村の区域内に住所を有する者」（地方自治法第10条第1項）である。

自然人の場合、「生活の本拠」（民法第22条）が住所である。生活の本拠に当たるか否かは、「住居、職業、生計を一にする配偶者その他の親族の存否、資産の所在等の客観的事実に、居住者の言動等により外部から客観的に認識することができる居住者の居住意思を総合して判断するのが相当である」[5]。

住民には自然人のほか法人が含まれるが、法人のうち企業については別に論じることにする。住民については、国籍、年齢、行為能力等は一切問われない。外国人も住民である。そこに生活実態を有する者の福祉を増進させるのが地方自治であるから、納税していなくても住民である。

シビック・プライド政策にとって、住民は2つの側面がある。

第1は、シビック・プライド政策の主体としての住民である。

シビック・プライド政策の展開に当たっては、まず地域の住民自身が、自分たちのまちに対して、愛着、誇り、共感がなければ、広がっていかない。住民自らが、当事者となって、まちの課題に向き合っていくことが必要である。

　第2は、シビック・プライド政策の対象としての住民である。

　一般的には、その地域ならではの自然、歴史遺産、文化、風習等がシビック・プライドの対象であるが、同時に、そこにいる住民に対するポジティブな認識もシビック・プライドの対象である。

在勤・在学・在活動市民

　通勤・通学者、市内で事業活動その他の活動を行う人や団体は、生活

図表Ⅱ-2-1　主な通勤・通学状況（茅ヶ崎市）

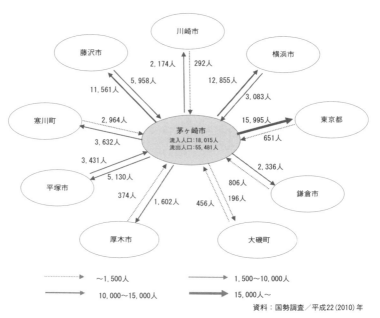

資料：国勢調査／平成22 (2010) 年

（出所：茅ヶ崎市人口ビジョン（平成28年3月））

の本拠がないので住民とは言えないが、そのまちで活動し、多くの時間を使っている。自治基本条例では、こうした人たちを「市民」という概念で括り、まちづくりの重要な担い手と位置づけている。

あえて、市民という概念をつくるのは、雇用や就学の場の偏在や交通網の発達で、市域を越えた人口移動が起こっていること、情報網の発達、政策課題の広域化などの状況のなかで、行政区域内の住民だけでは、サービス提供や助け合いができないからである。

図表は、神奈川県茅ヶ崎市の通勤・通学状況である。茅ヶ崎市は、典型的なベッドタウンのまちで、実際、東京や横浜への通勤・通学者が多いが、それでも流出人口の3分の1の流入人口がある。

人口減少が進み、ますます定住人口は減少するなかで、住所はないが、その町で活動する「市民」をまちのために、より一層、活動してもらうように取り組むのが、自治経営でもある。こうした市民も、シビック・プライド政策の主体・対象である。

2 地域活動団体

地域活動団体

地域活動団体とは、地域性と共同体感情を基盤とする組織・団体である。地方自治は、団体自治と住民自治で構成されているが、この自治の基礎単位の1つが地域活動団体である。地域活動団体には、町内会・自治会のほか、地域協議会、老人クラブ、子ども会などがある。

現行法では、地域活動団体を含む地域コミュニティにふれている法律はきわめて少ない。地方自治法には地縁団体に関する規定があり、260条の2から260条の40まで詳細にわたるが、内容は地縁団体に法人格を付与し、管理・運営、監督するための手続的な規定となっている。つまり、現行法

は、地域コミュニティそのものには踏み込まず、法人格を付与する道を開いて、間接的にコミュニティ活動を促進するという位置づけになっている。

地域活動団体の役割

地域活動団体には、次のような強みがある。

・地域のことをよく知っている
・お互いの顔が見えるような人間関係がある
・地域に対する愛着がある
・団結や協力・連携、物事に一斉に取り組みやすい
・口コミによる伝達力がある
・会合や活動の拠点施設がある

つまり、地域を基盤に、団結や協力・連携を基盤としたまちづくり機能が、地域活動団体の強みである。

地域活動団体が、地域にあるさまざまな体験活動や交流の機会等を提供することで、シビック・プライドの醸成に寄与できる。

3 NPO・ボランティア団体

NPOの定義

NPOとは、Non-Profit Organization の略語で、直訳すると非営利組織を意味する。

営利という言葉は、日常用語では、「財産上の利益を目的として、活動すること。かねもうけ」（広辞苑 第六版・岩波書店）を意味するが、講学上は、「対外的な活動によって利益をあげることではなく、その利益を構成員に分配すること」を意味する。したがって、NPOも収益活動を行うことができる（配当はできない）。

ボランティアとの違いは、一般には無償性がメルクマールとされる。NPOは非営利であるから収益活動ができ、担当者は報酬を得ることができる反面、ボランティアは無償が原則とされている。ただ、近年は有償ボランティアという概念も生まれているので、無償性で区別するのも難しくなっている。

NPOは組織であるが、ボランティアは個人の概念である。NPOが組織である点が、公共主体としてNPOを考える積極的意義の1つである。

NPO・ボランティア団体の役割

NPO・ボランティア団体は、次のような強みを持っている。
・専門分野の知識が豊富である
・現場をよく知っている
・小回りが利き、臨機応変に対応ができる
・公平性・公正にとらわれず、ターゲットを絞るなど、自由度が高く、柔軟な対応ができる
・横のつながりがあり、ネットワークを活かせる

NPOやボランティア団体は、これら強みを活かすことで、シビック・プライドの醸成に寄与できる。

4 外国人

増加し多国籍化する外国人

地方自治法では、外国人も住民である。日本人の総人口は、毎年、減少し続けている一方、日本に住む外国人は、多少の例外はあるが、毎年、ほぼ一貫して増え続け、2020年末には、288万人となった。日本の総人口の2.3％を占めるまでになった。

図表Ⅱ-2-2　国籍別在留外国人の割合

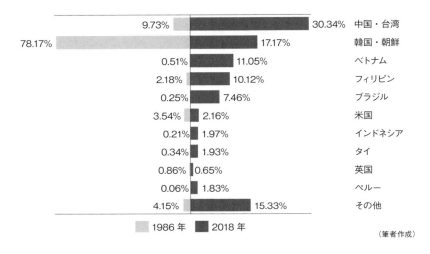

	1986年	2018年	国籍
中国・台湾	9.73%	30.34%	
韓国・朝鮮	78.17%	17.17%	
ベトナム	0.51%	11.05%	
フィリピン	2.18%	10.12%	
ブラジル	0.25%	7.46%	
米国	3.54%	2.16%	
インドネシア	0.21%	1.97%	
タイ	0.34%	1.93%	
英国	0.86%	0.65%	
ペルー	0.06%	1.83%	
その他	4.15%	15.33%	

（筆者作成）

　在留外国人の多国籍化も進み、2019年において最も多くの割合を占める
のは、中国及び台湾の人々である。従来から在留している人々に加え、留
学や技能実習など新たな目的を持って来日する人々が増加した結果、今で
は全体の3割を占める約80万人が在留している。

　その他の国籍もその割合を増やしており、特に増加が顕著なのが、ベト
ナム、フィリピン、ブラジルの人々である。ベトナムやフィリピンの増加
は、留学や技能実習など新たな目的を持って来日する人々が増えたことが
背景にある。

　2019年からは、入管法の改正で、事実上の移民政策が始まったことか
ら、今後は、より多くの外国人が日本にやってきて、定住する外国人も増
えてくる。多様性はますます顕著になるなかで、日本側も共存の道を探っ
ていくことが求められている。

外国人とシビック・プライド

　これまでは、外国人を「摩擦」の原因と考え、その外国人を「管理」す

るという政策だった。

　しかし、日本の歴史をみても、開国による日本の近代化、戦後の復興など、外国人は、日本にとっては、発展の契機となってきた。同じように、低迷している日本の再活性化の活躍人材として、日本人にはない視点やアイディアをまちづくりに活かしていくべきで、外国人をまちづくりに巻き込まない手はない。[6]

　年齢別割合を見ると、外国人は日本人に比べて、極めて若い年齢構成となっている。これも強みの１つである。

　シビック・プライド政策の観点では、定住外国人の持つ多様性（言語、文化の違い等）を地域づくりのための「資源」ととらえ、彼らに自治体の政策形成やまちづくりに参画・協働（活躍）してもらうことで、地域の活性化を目指す政策が考えられる。観光や防災の領域では、外国人は即戦力になるし、多様性を活かした起業は、日本の活性化にもなるだろう。

5 企業

企業の公共性

　企業は利潤の獲得が目的であるが、次のような機能を通して、公共的な機能も果たしている。

- ・金銭、商品・サービスなどの資源を寄付、商品等として提供できる
- ・知識や技能を持った人材を業務やボランティアとして派遣・支援できる
- ・専門知識やノウハウ、コスト管理や効率的な組織運営の手法等を提供できる
- ・起業、産業振興の支援や人材育成に協力できる
- ・ネットワーク・情報発信力を活かして、地域の魅力や地域との関係性を紹介できる

・購買取引を行うことで地域の活動を支え、取引実績を重ねることで信用を付与できる

　企業・事業者の行動原理は、利潤追求であるが、公共的役割を果たしている。とりわけ最近では、社会的責任に基づく地域貢献活動も企業の重要な役割となった。行政や非営利セクターとは異なる、企業ならではの行動原理やノウハウを強みに、企業にも、地域への愛着、誇り、共感を持ち、まちづくりの当事者としての役割も果たしてもらいたい。

企業とシビック・プライド

　企業も住民である。企業と自治体が連携して社会課題の解決に取り組む「包括連携協定」が全国で急速に広がっている。地方経済の停滞と税収が伸び悩むなか、自治体は、企業の持つノウハウやネットワークをまちづくりに活用したいと考え、他方、企業は、自治体と連携して、地域課題を解決することで地域における存在感を高めたいと考える。両者はＷＩＮ・ＷＩＮの関係で連携できるものである。自治体においては、特にその地に起源を持つルーツ企業を意識して、この連携・協定を進めたらよいだろう。

　なお、企業については、平成28年度から、企業版ふるさと納税（正式名称は、地方創生応援税制）が始まった。これは内閣府の認定を受けた地方自治

図表Ⅱ-2-3　企業版ふるさと納税の仕組み

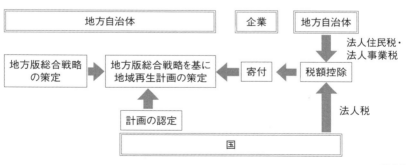

（筆者作成）

体の地方創生のプロジェクト（まち・ひと・しごと創生寄附活用事業）に対して寄付をした企業に、税額控除の特例措置がなされる制度である。

　これまでも、企業の自治体への寄付は損金算入という形で、寄付額の約3割に相当する額の税負担が軽減されていたが、企業版ふるさと納税によって、新たに寄付額の3割が控除され、あわせて税負担の軽減効果が2倍の約6割となった。

　さらには、令和2年4月の法改正で、5年間の期間延長措置とあわせて、寄付額の最高9割までが損金算入や税額控除を受けられ、実質の支払いキャッシュは寄付金額面の1割となった。

　また総務省の地域おこし企業人交流プログラムは、地方自治体が、三大都市圏に所在する民間企業等の社員を一定期間受け入れ、そのノウハウや知見を活かし、地域独自の魅力や価値の向上等につながる業務に従事してもらうプログラムで、受け入れに関する経費に特別交付税措置がある。

6 域外住民

域外住民

　域外住民とは、その自治体に住んでもおらず、通勤・通学等でその自治体に通ってもいない住民である。

　その域外住民のパワー（行動力、知識・アイディア、経験、情報等の知的資源、モノやカネといった経済的資源等）を自治体のまちづくりや住民の福祉増進に活用・展開するのが、域外住民政策である。

　域外住民は、そこに住んでいないということが強みである。離れていることで、まちの内にいては気がつかないことにも気づくことができる。新たな視点で、情報提供や政策提案が可能である。寄付等によって、財政面からまちづくりの応援をしてもらうこともできる。ファンが嵩じて、そのま

ちに住んでもらう、あるいは住んでみたいと思う人を増すこともあるだろう。各地にいるファンに、まちをPRするシティプロモーションの担い手にもなってもらえる。これら域外住民も、シビック・プライドの主体、対象になる。

関係人口という考え方

関係人口とは、定住人口でもなく、また昼間人口（通勤・通学者、在活動者）でもなく、その地域にルーツ（生まれ、本籍、住んだ、働いた）のある人、さらには、その地域にルーツはないけれども、その地域に特別の思いがある人も、関係人口に含まれる。「頻繁に通わなくても何らかの形でその地域を応援してくれるような人たち」である。[7] いわゆる「ファン」で、交流市民・在縁市民ともいうべき市民である。

関係人口は、人の思いや関わりという「意欲」や「作用」に着目して、その思いや関わりを起点に、自治やまちづくりの進展を図ろうというものである。住民の意欲や思い、関わりという特性を政策の出発点とする点は、これまでにはない発想といえる。

地域のために何かをしたいという思いや行動を創発、深化させるために、関係人口が集い、連携し、体験し、地域のために活動するための仕組みや機会をつくることが、関係人口政策の主な内容となる。

関係人口となるきっかけには、「自分自身または近しい人がその地に所縁がある」「旅行などで自分自身がその地を経験した」という2つの要因が上位に挙がっているが、こうした「ちょっとした何か」をきっかけとした関係人口づくりもシビック・プライド政策である。

焼津市自治基本条例では、まちづくりサポーターとして、交流市民・在縁市民をまちづくりに巻き込む規定を設けている。[8]

ルーツ市民

現在は市外に住所があるが、その地域にルーツ（生まれ、本籍、住んだ、働

図表Ⅱ-2-4　25歳の成人式　（出所：新城市ホームページ）

いた）がある市民が、ルーツ市民である。

　ルーツ市民のうちでも、この地域から転出した若者は、とりわけ重要な関係人口である。

　若者の転出状況は、それぞれの自治体ごとに、人口ビジョンの年齢階級別人口移動で確認できるが、多くの自治体では、18歳になると転出超過になる。これは大学等への進学、就職のためである。そして、この転出した若者の多くは、地域には戻ってこない。働く場がないためであるが、こうした18歳まで地域で育ち、市外に暮らす若者は、有力な関係人口である。

　新城市が始め、その後全国に広がっている「25歳の成人式」[9]は、シビック・プライド政策といえる。

本籍人口

　これまであまり注目されてこなかったルーツ市民といえるのが、地域に本籍がある本籍人口である。

　本籍は自由に転籍できるものであるが、大半は、何らかの「縁」のある

土地に本籍を置いている。縁の内容はいくつかあるが、その1つが、地域への愛着意識である。

　一般に、愛着意識の強い地域では本籍人口比率が高く、他方、都市化されて所得が高く、住民の地域愛着意識が低い地域ほど、そこに本籍を置かないという傾向が見られる。この本籍人口もシビック・プライド政策の主体・対象として考えていくべきである。

ルーツ企業

　地方自治における喫緊の課題の1つが、地方の定住人口減少対策であるから、政策の対象も移住する自然人になりがちである。しかし、人には、自然人の他、法人も含まれる。法人のうちでも、その地域にルーツを持つ法人が、まちづくりの重要な担い手になりうることを忘れてはならない。

　今では、日本を代表する企業に成長して、本社は東京に移したが、もともとの出発点は地方の一企業だったというケースもたくさんある。なかには、地域と連携するなかで、企業のアイデンティティを確認したいと思う企業もあるだろう。こうしたルーツ企業も、シビック・プライド政策の主体・対象としていくとよい。

7 行政

行政の役割

　人は肯定的な印象を持つ対象に、好意的な感情を抱く。つまり、地域に対して肯定的な印象を持てば、地域に対して好意的な感情が生まれ、それが地域に対する誇りや地域への愛着を形づくっていくと考えられる。

　ということは、行政が行うシビック・プライド政策の要諦は、市民が地域に対して、肯定的な印象を持ってもらうための施策を行うということで

ある。行政は地域の価値を守り、育んでいくことで、地域に対する好意度、自分のまちの肯定感を高めていくことができる。

　本書では、その対象として、①まち・地域、②まち・地域の人々、③まち・地域の文化、④行政や議会に対する肯定的な認識・評価をあげている（Ⅱ-4-2）。

政策手法

　シビック・プライドは、無理やりつくるものではなく、自発的に形成されていくものである。内発性を基本要素とするシビック・プライド政策では、命令、行政代執行、罰則といった伝統的な行政法的な規制指導手法は機能しない。

　シビック・プライド政策では、社会の理解を醸成するため、不特定多数に対する意識やモラル（道徳的誘因）に働きかける普及啓発手法や、市民の主体的参画や行動を誘導する誘導支援手法が中心になる。誘導支援手法には、顕彰、相談、自主活動・学習、経済的手法（経済的助成措置、経済的負担措置）、認知・信用の付与、基盤・条件整備等があり、これらを重畳的に実施することになる。要するに、シビック・プライド政策では、自治体職員一人ひとりの力量が問われるということである。

3 シビック・プライド政策の設定

シビック・プライドは、課題設定が難しい政策テーマである。市民の内発性や当事者性が対象であるうえ、モデルとなる先行事例も乏しいためである。政治リーダーのリーダーシップが必要とされる。

1 問題設定の難しさ

キングダン・政策の窓から

政策形成モデルは、いくつかあるが、このうち政策の窓モデルは、J・W・キングダン（Kingdon）によって提示された理論である。アジェンダ（政策課題）設定過程について、キングダンは、問題、政策、政治という3つの流れに整理している。

①問題の流れとは、いくつかの政策問題の中から、ある特定の課題が注目され、アジェンダとして関心を集めていく過程である。事件や事故などの注目が集まる出来事、統計資料など社会指標の変化、政策の評価結果などによって、問題として認識される。

②政策の流れは、いくつかのアイディアの中から特定のアイディアが政策案として提案される過程である。実現可能性を有し、政策コミュニティの理念・価値と合致するアイディア・政策案が残っていく。

③政治の流れは、さまざまなアクターの影響によって、特定のアイディアが政策として位置付けられる過程である。世論の動向、選挙とその結果、

利益団体による圧力、官僚機構や委員会のセクショナリズムなどが影響を与えるとされる。このなかで、政治や社会を覆うムードや世論が大きな影響力を持っている。

　これら3つの流れが合流するとき、つまり問題を認識し、解決案が用意され、政治的に好機なときに政策の窓が開くとする。

相模原市の取り組みから

　相模原市は、全国に先駆けて、シビック・プライドの名称を持つ条例を制定した。

　①問題の流れでは、2017年「市民のプライド」調査で、相模原市は「愛着」「誇り」ともに最下位となった。「住むこと」や「趣味や教養を深めること」を知人・友人に勧められるかという質問でも最下位だった。さらに、「最も魅力を感じる都市」として、自市区以外を挙げたのは、相模原市（横浜市を選択）と北九州市（福岡市を選択）のみだった。

　②政策の流れでは、定例記者会見（令和元年6月28日）で、市長は次のように言っている。

　「第一歩は理念条例であってもいいと思っております。相模原市というものを皆さまに、もっと知ってもらい、より理解していただくことが大事であり、まずは理念から入るかもしれませんが、その検討をこれから進めていきたいと思っております。」

　③政治の流れでは、市長は、「私はまず一番取り組まなければならないのは、実はこのシビック・プライドに関する市民の誇り、共感、郷土愛の条例づくりだと思っておりまして、庁内では検討の指示をしております」と、優先順位の高い政策に位置づけている[10]。

2 首長のリーダーシップ

政策形成における首長の位置づけ

長は、当該地方自治体を統轄し、これを代表する（地方自治法第147条）。統括とは、自治体の事務の全般について、長が総合的統一権限を持つことを意味する。代表とは、長が外部に対して、自治体の行為となるべき各般の行為をなしうる権限をいい、長のなした行為そのものが、法律上、直ちに当該自治体の行為となることを意味する。

長は、概ね次の事務を担任する（同法第149条）。議案提出、予算の調整・執行、地方税賦課徴収、分担金等徴収、過料、決算提出、会計事務の監督、財産の総括的な管理、公の施設の管理、証書・公文書などの保管などである。これらは概括的に例示されたもので、議会の権限、他の執行機関の権限と事務とされたものを除き、自治体の事務の一切を管理、執行する（同法第148条）。

長は、補助機関の職員を指揮監督し、その管理に属する行政庁の行為に介入する権限を有する（同法第154条、第154条の2）。

このように自治体の長は強い権限を持ち、したがって、政策立案における首長のリーダーシップは、圧倒的に大きい。

トップダウン型政策

シビック・プライド政策を職員がボトムアップでつくり上げていくのは、容易なことではない。職員は、「理念よりは、目の前の課題」に追われている現実もあるし、そもそもシビック・プライドは、自治経営全般の基本理念にあたるものだからである。また、仮に、シビック・プライド政策に取り組もうと考えても、モデルとなる自治体の例が乏しいため、どこから手を付けてよいのかわからないという現実もある。それを乗り越えるには、首長のイニシアティブが重要になる。

3 議会の政策条例提案

自治の共同経営者としての議員

しばしば、議会・議員は、首長をチェックするのが役割で、監査役であると言われることがある。地方自治法にも検査等の規定があり、その一面もあるが、議会・議員は自治の共同経営者である。なぜならば、地方自治法でも、議会・議員は予算決定権をもち、条例提案権、条例決定権という最終決定権を持っているからである。

日本の地方自治が二元代表制を採用している趣旨は、住民によって選挙された市長と、同じく住民によって選挙された議会・議員が、政策競争すれば、結果的に、住民にとってよりハッピーな政策が選ばれ、住民の幸せにつながると考えるからである。議会・議員の役割がチェック役であるという議論は、実際には、政策提案ができず、単なる批判者にとどまっている議会・議員の現状の姿を投影したものに過ぎない。

シビック・プライド条例の議会からの提案

地方自治法に制約がない限り、議員が提案できる条例には制約はない（一部に長にのみ提出権が専属する条例がある）。しかし、議会の役割・権限や能力、また議会を構成する議員の行動原理等から考えると、議員が提案するのにふさわしい条例がある。

具体的には、地方自治のあり方を規定する条例、行政が縦割りになりがちななかで、広い視野から横断的に地域を活性化させる条例などである。シビック・プライド政策は、これらに当たる。

シビック・プライド条例は、行政がボトムアップでつくるのが難しい政策であり、自治の共同経営者である議会・議員からの積極的提案が期待される。

4 シビック・プライドの指標をつくる

シビック・プライドについては、いくつかの企業が独自の指標を出している。それらとは別に、自治経営から見た指標が必要である。試案を示しておこう。

1 これまでの指標

シビック・プライドを社会資本と考えれば、その定量化、客観化は不可欠である。その点、既存の指標は、地方自治の政策指標としては、十分ではない。

株式会社読売広告社の「シビックプライド」は、「愛着」「誇り」「共感」「継続居住意向」「他者推奨意向」の5指標であらわしている。個人の主観に基づく、いわば個人の感想というべきものである。これはこれで意味があるが、漠然としているので、次の具体的施策につなげるのが難しい。

三菱UFJリサーチ＆コンサルティングの「市民のプライド」では、まちに対する愛着、誇り、お勧め度合い、イメージなどがさらに細分化され、客観化が試みられているが、その指標は、地方自治やまちづくりの推進とは軸がずれている。

例えば、「お勧め度合い」でみると、「買い物・遊び」「働くこと」「アフターファイブ」「デート」などが指標で、東京や横浜など、大都市ほど優位な指標となっている。デートや遊び場では、地方は都会にはかなわない。

その結果、例えば愛知県知多市の例では、名古屋市との比較で、シビックプライドが劣るという結論になってしまう。

図表Ⅱ-4-1　シビック・プライド（知多市と名古屋市の比較）

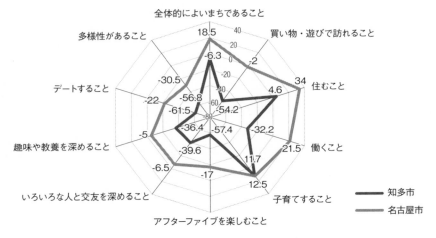

（出所：知多市の未来を考える市民アンケート調査）

2 自治経営から見たシビック・プライドの指標

あるべき指標の考え方

　自治経営の目標は、住民が安心して快適に暮らせる社会の実現を妨げている環境条件を乗り越えて、住みよい社会を実現することである。

　この住みよい社会は、生存環境、機能環境、快適環境が満たされて実現する。

　生存環境とは、人が、健康や安全を脅かされることなく生存するための環境である。自治体の政策分野では、防災、消防、救急などがある。機能環境は、人が利便性をもって暮らすための環境である。人の暮らしに役立つ政策で、住居、公害、福祉、ごみ処理などがある。快適環境は、人間の生活に満足や歓びを与える環境である。文化・教養、美しさ、安らぎなどが該当する。

シビック・プライドは、住みよいまちをつくるためのパラダイムであることから、これら環境条件を満たす指標でなければならない。既存の指標は、快適環境に偏りすぎていると思う（都市開発・住関連のマーケティングの一環という出自に由来する）。

愛着、誇り、共感の指標

まちへの愛着、誇り、共感は、まち・地域そのもの、まち・地域の人々や文化、行政や議会に対する肯定的な認識・評価によって高まっていく。

ここでは、4つの基本指標と参考指標を提案したい。

①まち・地域に対する肯定的な認識・評価

安全・安心、美しさ・豊かさ、快適さ・利便性

②まち・地域の人々に対する肯定的な認識・評価

自立的・自律的ふるまい、他者への配慮、思いやり、公共的な活動、連携・協力

③まち・地域文化に対する肯定的な認識・評価

お祭り・イベント、伝統・文化、生涯学習・文化活動

④行政や議会に対する肯定的な認識・評価

住民本位、住民の関心、情報提供・公開、市民参加

自治体ごとに、自然・風土・歴史といった地域資源は違うし、また交通アクセスなどの地理的優位性も大きく異なっている。こうした地域ごとの状況を踏まえて、これら指標中で代表的なものを選択して、基準指標とすればよいであろう（住民アンケートモデルは、II-5-2を参照）。

当事者性の指標

シビック・プライドは、愛着、誇り、共感など本人の意識とともに、当事者性、主体性も重要な要素である。自分自身はどう行動しているのかも把握する必要がある。受動的であった市民を主体的な当事者とする理念がシビック・プライドである。

図表Ⅱ-4-2　愛着、誇り、共感の指標

基本指標	参考指標
①まち・地域に対する ポジティブな認識	
（1）安全・安心	・地震・大規模な火災に対して安全であること ・津波、高潮、出水、崖の崩壊等の自然災害に対して安全であること ・犯罪や事故が少なく、安全・安心に暮らせること ・騒音、振動、大気汚染、悪臭等による居住環境の阻害がないこと
（2）美しさ・豊かさ	・空気や水がきれいで安心して生活できること ・森林や里山、河川、海辺など自然環境が整っていること ・歴史的な建物や街並み、建物の形態、色彩、サインなど景観が美しいこと ・樹木や花などによる道路や公園などの緑化、宅地等の緑化がされていること ・そのまちらしい場所（ランドマークや観光名所）があること ・道路や公園などの清掃がきちんとされていること
（3）利便性 日常生活を支える サービス	・高齢者、子育て世帯等が日常生活を支える各種サービスに容易にアクセスできること ・食料品など買い物、通院などが便利だと感じている市民の割合 ・快適な生活が確保されていると感じている市民の割合 ・住みたい、住み続けたいと思う市民の割合 ・子どもを産み、育てやすいと感じている市民の割合
（4）その他	・地域の人みんなが知っている地域のシンボルがある ・この地域は、全国的にも有名、知名度がある ・観光ボランティアガイドとして、登録している市民が多い ・自分たちの住んでいるまちのよいところを説明できる
②地域の人々に対する ポジティブな認識	・この地域の人々は誠実である。親切な人が多い。人々の誠実さを実感できる ・地域のなかで相談し、助け合える友人・知人がいる市民が多い ・日頃、地域の人々と一緒に活動する機会が多い ・日頃、地域の人々がよく挨拶、会話をする ・環境保全のための具体的な行動を実践している市民が多い ・各種ボランティアやまちづくり活動などに参加している市民が多い ・身近な道路の清掃など維持管理、防犯活動をしている市民が多い ・健康づくりのために、何らかの活動・取り組みを行っている市民が多い ・地域の困った問題を、近所で協力して取り組んでいる市民が多い ・高齢者などが、いきいきと生活するために地域で支えあう活動をしている市民が多い ・地域をよくするため、地域に貢献している企業が多い ・自治会・子ども会などの地域活動に参加している市民が多い

	・自分たちの生命、財産は自分たちで守るという意識を持っている市民が多い ・自主防災組織が多く、自主防災組織等による年間防災訓練も熱心に行われている ・人権に対する意識が高いと感じている市民が多い ・世代を超えた多様なつながり、さまざまな交流がある
③地域文化に対する ポジティブな認識	・多くの人に勧めたい地元のお祭りや行事がある ・お祭りや運動会など、多くの人でにぎわうイベントがある ・生活のなかに伝統的習慣が生きている ・各種講座や研修会などの生涯学習活動に参加している市民が多い ・文化施設の利用者数が多い ・多くの人に勧めたい名産品がある ・スポーツ・レクリエーション活動を日常的に取り組んでいる市民が多い
④行政や議会に対する ポジティブな認識	・住民のことを十分考えて適切な仕事をしていることが伝わってくる ・行政情報・地域情報がわかりやすく提供され、情報提供や公開が保障されている. ・市民の意見の反映や市民参加機会が確保されている ・市政に関心を持っている市民が多い ・市長・市議会議員選挙の投票率が高い ・地域活動に参加している職員が多い

　市民意識を聞く場合でも、例えば、「あなたは、自然観察会や体験学習へ参加したことがありますか」「あなたは、自発的な学習に取り組んだり、趣味の会やサークル活動に参加していますか」など、主体的な行動、当事者としての行動について聞くとよいだろう（住民アンケートモデルは、Ⅱ-5-2を参照）。

5 シビック・プライドの現状を把握する（アンケートモデル）

政策は、理想と現実のギャップを埋める作業である。シビック・プライドの現状・水準を把握する方法として、住民アンケートモデルを作成してみた。

1 シビック・プライド調査の考え方

住民意識の調査・把握

シビック・プライドは、まちの社会資本なので、自分たちのまちに、どれだけの社会資本があるか調査・把握する必要がある。

これまでの調査は、愛着、誇り、共感等に関し、どう思うかを漠然と聞くものが中心であるが、それでは、次の施策につなげるのが難しい。個別、具体的な事柄について、自分自身に当てはめられるような聞き方をする必要があるだろう。

また定量化の視点も重要である。参加者数、達成率、実施回数等を比較することで、シビック・プライドの深化や広がりの判断指標とするとよいであろう。

客観化の指標の試み

客観化のヒントとなるのが、国土交通省が、『国土のグランドデザイン2050』（2014）において示している「サービス施設の立地する確率が50%

図表Ⅱ-5-1　サービス施設の立地する確率が50％及び80％となる自治体の人口規模

		存在確率 50%	存在確率 80%
小売	飲食料品小売	500 人	500 人
	飲食店	500 人	500 人
	書籍・文房具小売店	1,500 人	2,500 人
	ショッピングセンター	87,500 人	92,500 人
	百貨店	275,000 人	375,000 人
金融	郵便局	500 人	500 人
	銀行	6,500 人	9,500 人
医療	一般診療所	500 人	500 人
	一般病院	7,500 人	27,500 人
	救急告示病院	22,500 人	42,500 人
福祉	介護老人福祉施設	500 人	3,500 人
	訪問介護事業	22,500 人	27,500 人
	介護老人保健施設	9,500 人	27,500 人
	有料老人ホーム	52,500 人	125,000 人

(出所：　国土交通省資料「サービス施設の立地する確率が50％及び80％となる自治体の人口規模」からの抽出・整理)

及び80％となる自治体の人口規模」である。これは自治体の人口規模によって、どのようなサービスが地域内に存在しうるのかを示すものである。

　例えば、一般病院では、50％以上の確率で立地するためには、7,500 人以上の人口規模が必要であり、80％以上の確率には2万7,500 人以上の規模が必要である。

　生活に必要となる飲食料品の小売店や飲食店、郵便局、一般診療所等は、500 人集まれば、80％の確率で施設や店舗の立地が可能になる。他方、百貨店などの大型商業施設が80％の確率で立地可能となるためには、37 万5,000 人程度の需要規模・人口規模が必要となる。

　サービスについても、このような客観化の試みがあるので、シビック・

プライドについても、知恵を絞れば、数値化、客観化できる指標の開発が可能だろう。

2 住民アンケートモデル

シビック・プライドの指標（Ⅱ-4-2）は多岐にわたるが、そのなかから主な指標について、アンケートモデルを作成してみた。参考にしてほしい。

1 まち・地域に対する肯定的な認識・評価

(1) 安全・安心

問1．あなたは夜、安心して近所を歩けますか？
① 非常に安心
② 比較的安心
③ 普通
④ どちらかと言えば不安
⑤ 非常に不安

問2．あなたの地域では、防災等に関する対策が充実していますか？
① 非常に充実している
② 比較的充実している
③ 普通
④ あまり充実していない
⑤ 充実していない

(2) 美しさ・豊かさ

問1．街の景観を魅力的だと感じていますか？

① とても魅力的である

② 魅力的な場所はある

③ どちらともいえない

④ あまり魅力的ではない

⑤ 全く魅力的ではない

問2．あなたの住んでいる地域の道路や公園はきれいですか？

① いつもきれいである

② 比較的きれいである

③ 普通

④ 時々汚れている

⑤ いつも汚い

（3）利便性　日常生活を支えるサービス

問1．食料品など買い物の利便性について、どう感じていますか？

① とても満足

② やや満足

③ どちらともいえない

④ やや不満

⑤ とても不満

問2．あなたは地域が行っている支え合いサービスを評価していますか？

① 非常に高く評価にしている

② ある程度頼りにしている

③ どちらとも言えない

④ あまり評価にしていない

⑤ 全く評価していない

（4）その他

問1．あなたは今住んでいる地域に愛着がありますか？
① 非常にそう思う
② ややそう思う
③ どちらとも言えない
④ あまりそう思わない
⑤ 全くそう思わない

問2．あなたは今お住まいのところに住み続けたいですか？
① これからもずっと住み続けたい
② 市内の他の場所に移りたい
③ 市外に移るかもしれない
④ いずれは市外に移りたい
⑤ すぐにでも市外に移りたい

問3．あなたは、自分のまちを他人に誇れますか？
① 非常に誇れる
② まあ誇れる
③ どちらとも言えない
④ あまり誇れない
⑤ 全く誇れない

② 地域の人々に対するポジティブな認識

問1．あなたは隣近所の人たちとどのような付き合いをしていますか？
① 一緒に食事や買い物に行くことがある
② よく立ち話をする
③ 挨拶をする程度
④ 挨拶したことがない

⑤ 誰が住んでいるかわからない

問2. あなたの住んでいる地域では、地域の人たちによる清掃活動はどの程度行われていますか？

① 毎月
② 2〜3か月に1回
③ 半年に1回
④ 1年に1回
⑤ 清掃活動はない

問3. あなたは今住んでいる地域では、地域における支えあい、助け合い活動が、どの程度行われていますか？

① 頻繁に行われている
② 比較的行われている
③ どちらとも言えない
④ あまり行われていない
⑤ 全く行われていない

問4. あなたの地域の人々は、一般的に信用できると思いますか？

① とても信用できる
② まあ信用できる
③ どちらともいえない
④ あまり信用できない
⑤ 全く信用できない

問5. 近所の誰かが助けを必要としたときに、近所の人達は手をさしのべることをいとわないと思いますか？

① とてもそう思う
② どちらかと言えばそう思う

③ どちらとも言えない

④ どちらかと言えばそう思わない

⑤ 全くそう思わない

3 地域文化に対するポジティブな認識

問1. あなたは住んでいる地域で開催される行事（盆踊り、体育祭、文化祭等）に参加していますか？

① よく参加する

② 時々参加する

③ ほとんど参加しない

④ 全く参加しない

⑤ そのような行事がない

問2. あなたは公民館や集会所等をよく利用しますか？

① よく利用する

② 時々利用する

③ ほとんど利用しない

④ 全く利用しない

⑤ 公民館や集会所等が近くにない

問3. あなたのお住まいの地域では、町内会、自治会、子ども会、老人会等の活動は盛んですか？

① 非常に盛んである

② 比較的盛んである

③ どちらとも言えない

④ あまり盛んではない

⑤ 盛んではない

問1．あなたは選挙のとき、投票に行きますか？
① 毎回必ず行く
② ほとんど行く
③ 関心があれば行く
④ ほとんど行かない
⑤ 投票に行ったことはない

問2．あなた市町村の取り組み（サービス、計画等）に関心がありますか？
① 非常に関心がある
② 比較的関心がある
③ 普通
④ あまり関心がない
⑤ 関心がない

問3．あなたは市町村の取り組みに対して意見を述べたことがありますか？
① 頻繁にしている
② 何度かしたことがある
③ 意見は持っているが、したことはない
④ 特に意見がない
⑤ 市町村の取り組みに関心がない

5 当事者性

問1．あなたは日頃からリサイクルやごみの減量を意識していますか？
① いつも意識している
② 比較的意識している
③ 普通
④ あまり意識していない

⑤ 全く意識していない

問2. あなたは近所の人がルール違反のごみ出しをしていたらどうしますか？

① 積極的に注意する

② たぶん注意する

③ どちらとも言えない

④ たぶん注意しない

⑤ 注意しない

問3. あなたはボランティア活動に参加したことがありますか？

① 現在も参加している

② 時々参加している

③ 過去に参加したことがある

④ 関心はあるが、参加していない

⑤ 関心がない

問4. あなたは地域の問題を自分たちで話し合うことはありますか？

① よくある

② 時々ある

③ どちらとも言えない

④ ほとんどない

⑤ 全くない

問5. あなたは地域において行われる施策について説明会があった場合、参加しますか？

① 必ず参加する

② たぶん参加する

③ どちらとも言えない

④ たぶん参加しない

⑤ 参加しない

問6. あなたは、これからのまちづくりはどのように進めていくべきだ
と思いますか？

① 住民が主体となり、行政が支援していく

② 計画作成から住民と行政が対話にもとづき進めていく

③ 行政が主体となり、住民の意向を聴きながら進める

④ 行政が考え、住民に説明する

⑤ 行政にまかせていればよい

問7. あなたは市町村の広報紙等を見ていますか？

① 全内容を見ている

② 半分以上は見る

③ 興味のある部分だけを見る

④ ほとんど見ない

⑤ 全く見ない

問8. あなたにとって、ご自分と地域の人たちとのつながりは強い方だ
と思いますか。

① 強い方だと思う

② どちらかといえば強い方だと思う

③ どちらかといえば弱い方だと思う

④ 弱い方だと思う

⑤ 全くつながりがない

6 シビック・プライドを育む

シビック・プライドを高めようと言い募るだけでは、地域に対する好感度や肯定感が高まるわけではない。シビック・プライドを育む取り組みにチャレンジしよう。

1 まちを知る・学ぶ

まちに出る

シビック・プライド政策は、まちの文化づくりであるから、机上で考えていても身につかない。まちや地域に出ることが第一歩である。そこから、愛着や誇り、共感は深まり、まちや地域が自分事になって、当事者性が生まれてくる。

地元学は、地元の人と地元外の人が一緒になって、その地域を歩き、地域資源を発見し、地域が持っている生活文化のよさに気づき、新たな事業開発や価値創造に結び付けていこうとするものである。地元学からシビック・プライドに接近するのも1つの方法である。

まちを知る

知るべき対象は、まちや地域にある魅力的な風景、自然、歴史に限らず、文化、教育、産業や商業、人の営みなどのすべてである。歴史の大舞台から外れていても、深く知ってみると、歴史のなかで、重要な役割を果たし

た事柄や興味深いエピソードも、まちや地域にはある。

福井県鯖江市の市民主役条例は、「わたしたちは、ふるさとを愛する心を育むとともに、先人から受け継いだ郷土の歴史、伝統、文化、産業、自然、環境等を、自ら進んで学ぶふるさと学習を進めることにより、家庭、地域、学校が連携しながら、子どもも大人も一緒に人づくりに努めます」（第3条）と規定している。

まちにいる人から学ぶ

まちの活性化の決め手は、「よそ者、若者、ばか者」と言われるが、実際に成功した事例の多くは、地元に根付いた中高年が、リーダーシップをとっている場合が目立つ。例えば、過疎の町にＩＴ企業等を呼び込んだ徳島県神山町の事例は、よく調べてみると、地域をよく知る地域リーダーが、地域の人たちを巻き込みながら、盛り上げている。

最近、全国で「まちゼミ」が開かれるようになった。まちゼミとは、「商店街のお店が講師となり、プロならではの専門的な知識や情報、コツを無料で受講者（お客様）にお伝えする少人数制3～10人のゼミ」（岡崎まちゼミ）である。

まちゼミでは、店のスタッフが講師となり、プロならではの専門的な知識や情報、コツを住民に伝授する。これによって、住民が、地域の店の特徴や魅力を知るきっかけになり、新しいお客さんの来店にもつながる。何よりも、講師になったお店のスタッフは、まちの役に立ったことで、自信にもつながっていく。「お客様、お店、地域の三方よしの活性化事業」である。

よそ者からも学ぶ

他に誇るべき地域資源であっても、地元の人は、案外、その価値に気がつかないことも多い。そこに住む人たちにとっては、日常的で何の変哲もないことが、よそから来た者にとっては、新鮮で魅力的なものとして映ることもある。

図表Ⅱ-6-1　よそ者が盛り上げる・焼津市魚河岸シャツファッションショー（筆者撮影）

　その地域にとってマイナスなものでも、他の人から見れば、価値があることもある。例えば、豪雪は日々の暮らしには、迷惑なものであるが、南の国からの観光客には、魅力的な体験となる。

　これは、まちづくりの「よそ者効果」である。その趣旨は、地域を客観的にみて、しがらみや固定観念に縛られない新しい発想ができるということであるが、その声を聞こうとする姿勢がなければ、よそ者効果を享受できない。

リスト化してみよう

　自分たちのまちや地域に、どのようなものがあるのか、シビック・プライドの資源リストをつくってみよう。これをさまざまなグループで、楽しくやるとよい。リストには、あまり深く考えず、直感的にこれはいいと思ったものを書き出してみよう。

　次に、書き出した資源の価値をより詳しく書き込んでみよう。その際には、Ⅱ-4で提示した「シビック・プライドの指標」が参考になる。ここで、

日ごろは気に留めていなかったものでプラスの価値を持っているものが見つかれば、新しい資源の発見である。

　この資源の使いみち、PR方法も検討してみよう。全員が一致した意見がいいわけではなく、キラリと光るものがあれば、それを試してみたらよい。

地域マップをつくろう

　どこの自治体にもたくさんのマップがある。同じように、シビック・プライドから見たマップをつくろう。市民が、まちに対する愛着、誇り、共感を持ち、まちの当事者になれるマップである。マップに落とせば、シビック・プライドの見える化もできる。

　マップづくりにあたっては、実際にまちを歩きながら、地図に書き込んでいく作業をやっていこう。その過程を通して、コミュニティへの関心が高まり、愛着が強まっていく。マップづくりに一緒に取り組むことで、連

Ⅱ-6-2　地域の資源マップの対象

対象	例
歴史	歴史的に由緒ある神社仏閣等のほか、小さくとも地域に愛され、信仰されている祠（ほこら）や地蔵尊等、旧道、雰囲気を保った建物、遺構等
自然	代表的な自然景観のほか、そこにしか存在しない個性的な自然。個人のオープンガーデンも含まれる
文化	食（郷土料理、B級グルメ、スイーツ等）、言語（〇〇弁）、アニメや映画の聖地、ロケ地など。伝統的な工芸品・民芸品の工房の見学も
産業	商店街（歴史が感じられる、外国人の増加で異国情緒）、工場（オープンファクトリー、技術見学）、農業（畑や水田、無人直売所）
地域支えあい	地域の支援が必要な人とその人との住民の関わりをマップに落とし込み、支え合い活動の実施状況や支援の欠けている状況
地域安全	犯罪が起こりやすい場所を風景写真を使って解説し、ここを安全な場所にするようなアイディア出し
防災マップ	いざという時に役立つ物（学校、公園、資材置き場、公共施設、避難場所、防火用水、医療施設など）

帯感も生まれてくる。

　おそらく観光マップとは、ずいぶん様相が違うマップになる。マップづくりは、新しい文化づくりの一環なので、楽しくやることも忘れないでほしい。

2 人が集まる・交流する

集まり・交流する効果

　自分では、気がつかないことも、他者との話し合い・交流を通して、その価値に気がつくことがある。そこで、他者からの評価によって、自信や誇りを高めていく場合もあるし、まちに対する愛着、誇り、共感を基本とした新しい絆が生まれてくることもあるだろう。

　集まり・交流するカタチは、さまざまである。

　朝市から始めているところもある。朝市の強みは、安く新鮮な地元の物が買えるという実利があることである。

　竹の台地区（小学校区）は、神戸市の北西部の台地に新しく開発された「西神」と呼ばれるニュータウンにある。地域活動が盛んであるが、その手段の１つが朝市である。2007年から、年３〜５回のペースで開催しているが、農村地域のすぐそばという地理的環境を活かして、農村部とニュータウンの住民同士の顔の見える関係をつくりあげている。

迷惑施設も活用しよう

　逆転の発想で考えると、迷惑施設も地域資源になる。島根県江津市では、空き家を移住・定住促進のために活用している。過疎化・高齢化で急増する空き家であるが、農山漁村への移住希望者にとっては、地方の空き家は価値である。

図表Ⅱ-6-3　健康体操の様子（出所：富岡サロン・ジュピのえんがわホームページ）

　横浜市金沢区では、空き家等を活用した地域の「茶の間」支援事業を行っている。その１つ「富岡サロン・ジュピのえんがわ」は、庭に面した縁側と居間を活用し、子どもから高齢者まで幅広い世代の人が気軽に立ち寄り、交流できるサロン（茶の間）を実践している。

つながる人のデータベース

　人のつながりを整理・集めたものが、「つながる人のデータベース」である。
　新たな人集めには、膨大なエネルギーとコストがかかる。それよりも、一度、参加した人に、また声をかけ、参加を促したほうが効率的・効果的である。つながる人のデータベースは、まちのことに目覚めた人をフォローする仕組みともいえる。
　その場合、個人情報保護との問題を整理する必要がある。誤解をされているが、個人情報保護制度は、個人情報をうまく使うための制度でもあるので、知恵を絞れば、いい方法が見つかる。相模原市南区では、アンケート用紙を用意し、本人の意思を確認している。

図表Ⅱ-6-4　連絡同意アンケート（相模原市南区）

　今後、南区若者参加プロジェクト実行委員会の情報を連絡してもよろしいでしょうか。

　　　　□　希望します。　　　　□　不要です。

※希望される方のみ、以下の項目をご記入ください。
※いただいた個人情報は、標記以外の目的には使用しません。

お名前
Eメール
携帯メール

（出所：相模原市南区役所提供）

ふるさと住民票

　ふるさと住民票は、仮の住民になってもらう方法である。そのまちの出身者、ふるさと納税を行った人等に対し、ふるさと住民票を発行し、自治体広報、祭り・伝統行事の案内、公共施設の住民料金での利用、パブリックコメントへの参加等を提供するものである（鳥取県日野町、香川県三木町など）。

　背景にあるのは、住所の複数化である。農業、林業、漁業などの第1次産業が中心のときは、住所は固定的で1つでよいが、第三次産業就労者が7割を占める時代では、1つの自治体に住民登録し、納税し、1つの自治体から行政サービスを受けるという単線的な関係では、今日のライフスタイルに十分対応できなくなった。

図表Ⅱ-6-5　ふるさと住民を活用した交流事業（三木町）

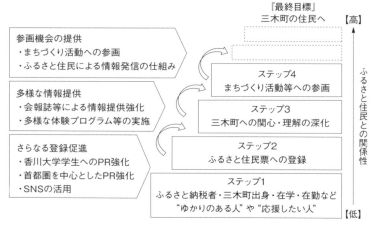

（出所：総務省ホームページ・関係人口ポータルサイト）

　三木町では、ふるさと住民票を町への関心・理解の深化（第3ステップ）、まちづくり活動への参画（第4ステップ）の前段階に位置づけている（ステップ2）。

サポーターズクラブ

　市外に住むまちのサポーターとの交流、信頼関係をつくる仕組みが、サポーターズクラブである。

　首都圏しばたサポーターズクラブは、首都圏等に在住する新潟県新発田市生まれ、新発田市育ち、新発田市内の学校出身など新発田市にゆかりのある、おおむね30歳までの若者を対象とするクラブである。メールマガジンやSNSで「ふるさとの今」を発信し、会員交流イベントを開催するとともに、首都圏での新発田市関連イベントへの参加・協力、自身のSNS、口コミなどで新発田の魅力・情報発信を期待している。

　信州・青木村観光サポーターズ倶楽部は、長野県青木村のファンになってもらい、青木村の認知度を高めていく活動に協力してもらうために設立

された組織である。まちを訪ねるインセンティブとしては、会員証の発行、村のイベント情報等の提供のほか、地域消費券1,000円分（発効から1年間有効）等の特典がある。[11]

岐阜県飛騨市ファンクラブは、ファンクラブ会員になるとオリジナル名刺がもらえ、この名刺持参者は、市内協力店舗などで特典が受けられるほか、自分の名刺がたくさん使われると、飛騨市からプレゼントがもらえるといった付加価値がつけられ、まちを訪ねてくる仕組みが工夫されている。[12]

一堂に会して学ぶ

静岡県焼津市では、毎年1回、市民、議員及び市長等が一堂に会して、社会の課題や焼津市の未来について意見交換し、情報を共有することを目的とする、まちづくり市民集会を開催している（新城市の市民まちづくり集会に続く2例目である）。焼津市のまちづくり市民集会は、自治基本条例第17条に基づくものである。

令和元年度のまちづくり市民集会では、10代から80代まで171名の市

図表II-6-6　まちづくり市民集会（焼津市）（資料：今井邦人氏提供）

民、議員等が参加した。参加者の世代間や男女比等のバランスがよく、若者も数多く参加する。毎回、漁業の町らしい賑やかな集会となっている。そのおおもとは、焼津市市民のウェルカムの精神だと思う。

3 まちに参加する・やってみる

参加とシビック・プライドの正の相関

先行研究を見ても、市民活動への参加を通じて、シビック・プライドが培養される可能性がある。逆に、シビック・プライドが豊かならば、市民活動への参加が促進される。市民活動とシビック・プライドの間には、相互に高めあう関係がある。

活動の内容は、趣味の活動でもよく、さまざまな形で人と関わると、その輪が広がっていく。その結果、まちや地域に対するシビック・プライドが高まっていくという好循環となっていく。

多様な参加の機会・場

ということは、思いを共有し、まちや地域の価値を体験する機会を増やしていくために、気軽に参加できる場を数多くつくることが肝要ということである。シビック・プライドを意識した多様なインターフェイスの機会づくりである。

サポーターの集い（北海道）、首都圏での交流イベント「家族会議」（秋田県鹿角市）、ふるさと住民票夏の交流会・冬の交流会（香川県三木町）、地域行事参加型ツアー（長野県泰阜村）、体感（体験）型ツアー（岩手県住田町）、実家暮らし体験ツアー（鹿角市）、アートイベントづくり（新潟県柏崎市）などが全国各地で行われている。

行政が計画すると、真正面から、「地域や社会を改善していく機会」と

しがちであるが、案外、「自分自身の関心や趣味の活動」から、まちづくり活動につながっていくケースも多い。とりわけ女性の場合は、これは顕著である。趣味の活動だからといって、侮ってはいけない。気軽に集える場、参加のきっかけを多数用意することが肝要である。

参加の動機はさまざま

　年代別に見ても、参加の動機はさまざまである。ボランティア活動に参加した理由は、20代は、自分のバージョンアップと楽しいから、40代、

図表Ⅱ- 6- 7　ボランティア活動に参加した理由（年代別）

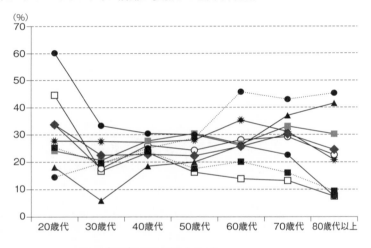

- ─□─ 何か楽しいことをしたかった
- ─✳─ 地域や社会を知りたかった
- ─○─ 仲間づくりがしたかった
- ─■─ 自分の知識や技術を生かす機会がほしかった
- ─▲─ 生きがいになるものがほしかった
- ─●─ 自分の人格形成や成長につながることをしたかった
- ─◆─ 困っている人を助けたいと思った
- ‥‥●‥‥ 社会やお世話になったことに対する恩返しをしたかった
- ‥‥■‥‥ 友達や仲間に誘われた

（出所：大阪府教育委員会「親学習教材」）

50代は、自分の知識・技術を活かすである。60代、70代になると社会への恩返しとなる。この動機の違いに対応した参加の機会を考えるとよい。

関わり方も多種多様

地域への関わり方の誘因は、多種多様であるが、経済的関わりの代表例が、ふるさと納税である。今日では、ふるさと納税の経済規模は、5,000億円以上にまで拡大した（平成31年度）。実際、大阪府泉佐野市は、ふるさと納税で、市の一般会計予算とほぼ同額の497億円を集めている（平成31年度）。これは、経済面からの関わりである。

岐阜県白川村の屋根葺きボランティアでは、多くの白川郷ファンが、参加費を払ってでも参加する。これは、行動力の面からの関わりである。

埼玉県春日部市では、市が実施していくべき事業について、学生が持つ

図表Ⅱ-6-8　白川郷屋根葺きボランティア（出所：白川村ホームページ）

知識や情報、発想の柔軟性や創造力を生かした政策提案を募集している。政策提案のあった事業は公開コンペ方式により選考し、優れた政策提案は希望する学生と市職員によるワーキングチームで検討を進め、事業化を目指す制度である。これは知識、アイディア面からの関わりである。

自己有用感を起点に

日本人の自己肯定感の基本となっているのは自己有用感である。例えば、「クラスで自分が一番ピアノが上手い」と言うのは自尊感情であるが、これに対して、「クラスで一番上手いと、みんなに評価された。そのみんなの期待に応えられるように頑張る」は自己有用感である。

日本人の場合、この自己有用感によって、自己肯定感を推し量っている。ということは、シビック・プライドに基づく行動で、他者から感謝され、評価される機会をつくれば、まちに参加する人も増えてくる。

観光ボランティアガイドは、自分達が暮らしている地域を観光客に案内するボランティア活動である。最近では、観光客のニーズも多様化し、地域にまつわる、より深い知識を得たいという人も増えてきた。観光ボランティアガイドは、自分の興味・趣味を活かせるとともに、観光客から感謝される活動である。

現在の観光ボランティアガイドは、シニア世代の人々を中心に構成されているが、自己有用感を高めるチャンスと考えると、若者にこそ参加してほしい。積極的に声をかけてあげてほしい。

気軽に参加できる方法

参加の機会とともに、気軽に参加できる方法も開発しよう。

ワークショップは、参加者が、互いの意見や立場を理解し合いながら、共同作業を通じて、目標に向かって、知恵やアイディアを出し合いながら、意見をまとめ、計画を立案していく手法である。

決定過程を参加者全員で共有しながら合意形成していく点が最大の特徴

図表Ⅱ-6-9　ワークショップ（筆者撮影）

である。

・当事者意識・参加意識が生まれる

・決まったことに愛着が生まれる

・なぜそうなったのかをよく理解できる（意義や背景、限界がよくわかる）

・互いの考えや立場の違いを理解できる

・市民一人ひとりが、自立や主体性を高めていくことができる

サードプレイス

　サードプレイスは、自宅（ファーストプレイス）や 職場・学校（セカンドプレイス）に次ぐ、三番目の場所、つまり居心地のよさを実感できる居場所である。アメリカの社会学者であるレイ・オルデンバーグ（Ray Oldenburg）が提唱した考え方である。[13]

　参加とシビック・プライドは、正の相関があるので、居心地のよい場所は、愛着、誇り、共感を醸成することにつながる。

　コミュニティカフェは、地域社会の中の「たまり場、居場所」である。

図表Ⅱ-6-10　com-cafe三八屋（出所：com-cafe三八屋フェイスブック）

人と人とがつながることを大事にする、気軽に立ち寄れ、行くとほっとできる場所の総称である。2000年以降、急速に増えてきた。

　愛知県一宮市にあるcom- cafe三八屋（さんぱちや）は、特定非営利活動法人・志民連いちのみやが運営するコミュニティカフェ・パブである。もとは築50年ほどの木造の店舗をスタッフやボランティアも建築に参加しながら、デザインしたものである。「誰でもいつでも、ゆっくりくつろげる」というフレンドリーさを基軸にしつつ、美味い料理とよい雰囲気が合わさったたまり場である。

ワールドカフェ

　ワールドカフェとは、優れたアイディアや提案は、機能的な会議室のなかで生まれるのではなく、オープンな会話を行い、自由な雰囲気のカフェのような空間でこそ生まれるという考え方である。

　実際、大きな喫茶店にいるような寛いだ雰囲気で、市民同士が話し合う。

図表Ⅱ-2-2　ワールドカフェ（筆者撮影）

5〜6名で1グループとし、お茶を飲みながら、アイディアを出す。出会いを楽しみ、互いの思いを聴き合うためのさまざまな工夫を散りばめよう。

クラウドファンディング

クラウドファンディングとは、Crowd（人々、一般大衆）とFunding（資金調達）を合わせた造語で、個人や組織が、インターネットを介してアイディアやプロジェクトを紹介し、それに共感し、賛同する一般の人から広く資金を集める仕組みである。簡単にいえば、従来からあった市民からの寄附をインターネット上で受け付けるものである。

クラウドファンディングのポイントは共感である。インターネット上で見て、資金提供者が事業への賛同（共感）を感じれば、出資が集まる。

定住促進、市街地活性化、観光交流促進、景観形成、子育て支援など、まちづくりに関わる幅広い分野で使える可能性があり、新たな人の参加の広がりが期待できる。

4 思いをカタチにする

地域ごとの計画をつくる

　シビック・プライドをカタチにするため、自治会やまちづくり委員会単位でシビック・プライド策定委員会を立ち上げ、地域資源の掘り起こしや再確認を行い、それを踏まえて、シビック・プライド推進計画書を作成したらどうだろう。

　地域の計画なので、作成段階からの地域住民の参画は必須で、住民への説明や意見交換、アンケート等の住民意向調査、積極的な広報等を行っていくなかで、地区の中には、こんなシビック・プライドがあると、地域を見直す機会としてほしい。

　この取り組みが、次の展開の種火となるように計画・運営してほしい。

何かを一緒にやったら小さくとも成果を出す

　楽しいけれども、意見を言いっぱなしの会議・イベントはダメである。まとめた成果を活用しなければ、効果は半減するし、参加者のモチベーションも下がる。次のアクションにつなげることを意識して、イベントや話し合いを行ってほしい。また、ときどき、あのときの成果はどうなったのかを振り返る必要がある。提案をしたら、小さくとも成果を出すように心がけよう。その場合の成果は小さなものでもよい。

　相模原市南区の「More輝区〜南区アイディアコンペ」[14]では、単に提案するだけでなく、具体化、事業化することを心がけている。第3回のアイディアコンペでは、「もっと身近に！「木もれびの森」デザイン計画」が提案された。早速、市協働事業提案制度事業を使って、案内看板のデザインを実施している。

図表Ⅱ-6-12　木もれびの森案内板の作成・設置（出所：タウンニュース社提供）

成果を共有する

　思いが結実した成果を共有することも大事である。

　焼津市のまちづくり市民集会では、ここで話し合ったことを共有する仕組みがある。

・意見の整理ができたら、市民実行委員メンバーが、市長に直接報告して、意見交換を行い、市長との共有を図る。

・出た意見のポイントを市の広報紙（広報やいづ）に掲載することで、市民との共有を図る。

・市民集会での意見や市長と意見交換した内容を全職員宛の庁内掲示板に掲載することで、職員との共有を図る。

・全議員あての報告書の送付を議会事務局へ依頼し、議員との共有を図る。

　まちづくり市民集会自体を知らない職員や市民も多いことから、地道な情報提供を行うことで、認知にもつながる。

　焼津市では、まちづくり市民集会における高校生・大学生参加者数の割合を総合計画のKPIとして掲げ、客観的な目標としている（学生参加は全体

の10%)。

　最終的な目標は、市民集会で出た意見を具体的な施策に反映していくことではあるが、あせらずできることから少しずつ進めるとよい。

小布施若者会議

　まちに対する思いがある人たちが集まり、地域の人や企業と連携して、まちの価値が高まり、新たな商品が生まれたのが、長野県小布施町である、

　第1回小布施若者会議（2012年9月7、8、9日　参加者約240人）では、全国から集まった若者が、会議室を飛び出し、ホームステイやフィールドワークによりコミュニティの中に入り込む等、町全体をフィールドに議論を繰り広げ、参加者の若者たちが地方に共通するさまざまな課題解決に向けた新しいモデルを考え、提案しあった。

　この会議をきっかけに、和菓子の老舗・小布施堂と、参加した学生のコラボレーションで生まれた和菓子が、ヒット商品となるなどの直接的な効

図表Ⅱ-6-13　小布施若者会議（出所：小布施若者会議ホームページ）

図表Ⅱ-6-14-a　若者からの提案・新城図書館2階郷土資料室（旧）（出所：新城市提供）

果ともなり、若者が集い、自由に発想するという若者会議そのものが、小布施町のシティプロモーションにも寄与している。

新城市若者議会

　若者の地域への思いを市の事業として具体化する仕組みが、愛知県新城市の若者議会である。

　若者議会は、新城市内に在住、在勤または在学するおおむね16歳から29歳までの20名で構成されているが、この制度の特徴は、若者たちに1,000万円の予算提案権を付与している点である。

　これまで累計で37事業が提案されているが、顕著な政策効果が現れているものもある。

　例えば、ふるさと情報館リノベーション事業は、新城図書館2階の郷土資料室を勉強スペースにするというアイディアであるが、これは、これま

図表Ⅱ-6-14-b　若者からの提案・新城図書館2階郷土資料室（新）（出所：新城市提供）

で利用の少ない郷土資料室を多目的スペースへ改修して、自主学習スペースを確保するとともに、郷土資料の展示の工夫を行い、また、飲食ができる休憩コーナーを新設して、若者が利用しやすくしたものである。これによって、これまで年間数十人しか訪れなかった2階利用者が、年間4,000人を超えるまでになっている。

7 シビック・プライドを発信する

　シビック・プライドは、発信しなければ伝わらない。まちの一人ひとりが、それぞれの場所や機会をとらえ、自分らしいやり方・方法で、まちの価値や魅力を発信することが大事である。

1 情報発信の考え方

２つのターゲット

　せっかくのシビック・プライドの素材やその実践も、それを伝えなければ、わかってもらえない。情報の発信と受信の手段が、多様化し、重層化している時代なので、それにふさわしい情報発信を工夫して伝えていく必要がある。

　情報発信のターゲットは、大別して２つある。

　１つは、住民が住む自治体内部に向けたもので、わがまちにはこんなに素晴らしい資源があると住民に伝え、自らのアイデンティティを再認識してもらう情報発信である。もう１つは、外向けのもので、市外の人に対して、まちの存在や魅力を知ってもらう情報発信である。

　住民であっても、まちのシビック・プライドを意識する人は多くはないし、市外の人ならば、なおさらである。積極的に地域内外のネットワークを構築し、情報発信してほしい。

市民一人ひとりがPRマン

　伝える人の思いが感じられるメッセージでなければ、他者の共感にはつながっていかない。自分の言葉でわかりやすく、まちのために活動している人やそれを支援している人の後押しとなるような情報発信を心がけることである。

　市民一人ひとりが、それぞれの出会いの場で、それぞれのやり方で、まちの魅力を語れば、大きなムーブメントになるだろう。

　なお、情報の発信者は、市民だけでなく、地域活動団体、NPO、企業など、みんなである。

最強の情報発信は口コミ

　情報発信のツール・方法は、数多くある。メディアの活用（テレビ、ラジオ、新聞、インターネット等）のほか、ポスター・チラシの作成配布、統一コンセプトによるPR（キャッチコピー、シンボルマーク、イメージキャラクター、シンボルカラー等）、シンポジウム、イベントの実施、ワークショップ、体験教室、キャンペーンの実施等がある。

　しかし、シビック・プライドの情報発信の王道は、口コミである。出会った場所、つながりの機会を通して、一人ひとりが語るのが一番である。最近では、ＳＮＳによる口コミが、大きな影響力を持っている。

図表Ⅱ-7-1　「情報源として欠かせない」とした割合

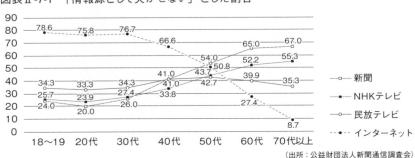

（出所：公益財団法人新聞通信調査会）

2 伝わる情報発信

母になるなら流山・千葉県流山市

愛着、誇り、共感は、いわば暗黙知の社会資本なので、他者に伝えるのが難しいが、ターゲットの気持ちに寄り添うメッセージで成功したのが千葉県流山市である。

流山市は、東京都心から30km圏内にあり、2005年の鉄道つくばエクスプレス開通で、秋葉原まで約20分という都心へのアクセスのよさがあり、市内4地区約640ｈａの区画整理事業が進行しているという好条件が揃っている。

そこで、子育て世代、住宅世代をターゲットに、シビック・プライドの見える化を行っている。「母になるなら、流山市」「都心から一番近い森のまち」などのメッセージは、住む人にとっての期待を端的に表現したものと言えるだろう。

首都圏に住む子育て世代向けにPR広告を行い、2010年度から首都圏の駅にポスターを展開しているほか、駅前送迎保育ステーション[15]や保育園の

図表Ⅱ-7-2　流山市の情報発信（出所：流山市ホームページ）

新設・増設による子育て世帯向けの施策、グリーンチェーン戦略[16]やゆとりある住宅環境の確保などの良質な街づくりに向けた施策などを行っている。

つながるさがし・佐賀県佐賀市

「つながるさがし」は、佐賀県佐賀市の市民参加型・協働型の地域情報サイトである。小学校区ごとにある、まちづくり協議会の取り組みを基点に、子育て、安心安全など各部会での活動報告や、地域の行事予定、公民館の情報など、生活に役立つ便利で楽しい情報を掲載している。

つながるさがしの最大の特徴は、地域住民が発信者になり、サイトの情報を更新する点である。子ども会、婦人会、消防団など、さまざまな地域活動な情報が分野ごとに掲載されている。

この地域コミュニティサイトは、「地域住民みんなでつくる電子回覧板」である。地域の住民は、案外、地域情報から遮断されている。地域の住民が、地域情報の発信と共有の当事者となることで、まちや地域に対する愛着、誇り、共感が生まれ、当事者性が育まれることが期待される。

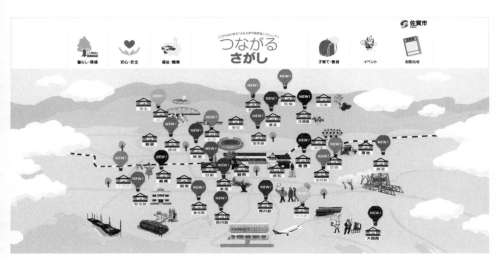

図表Ⅱ-7-3　つながるさがし　（出所：佐賀市ホームページ）

8 シビック・プライドで まちを興す

シビック・プライドでは、市民一人ひとりが、まちや地域の当事者として行動することが最終目標である。

1 最初の一歩

踏み出す工夫

まちや地域に対する愛着、誇り、共感を持つことまではできても、それに基づき、当事者として行動することは、一段とハードルが高くなる。踏み出す工夫が必要である。

シニア世代ならば、シニアの三大関心事（生活設計・健康・生きがい）から、スタートするのもよいだろう。とりわけ男の料理教室のような具体的かつ単発、そして実践的なものからスタートし、シビック・プライドによる行動へつなげていったらどうだろう（地域資源を使った料理や地域に残る伝統料理の発掘・再現など）。

若者の場合は、ボランティアに出る最大の動機は、自分のバージョンアップなので、自分の成長につながると感じられる具体的かつ実践的なテーマがよいだろう（ＳＮＳを使った情報交流方法、オンライン会議のやり方を教えるなど）。

シビック・プライドデビュー塾

定年退職者等を対象に、地域での仲間づくりと生きがい探しに向けた「地域デビュー塾」が開かれている。同じように、「シビック・プライドデビュー塾」を考えたらどうだろう。

参加者世代一人ひとりの知識や経験に合わせたシビック・プライドデビューの機会をつくれば、最初の一歩になる。

このデビュー塾に、すでに活動している人を講師に迎えれば、実践者の出番をつくることにもなり、具体的な事例を通しての身近な学びになるだろう。

リモートによるイベントや会議

コロナ禍を期に、リモートのイベントや会議が一気に進んだ。リモートの強みは、わざわざ会場に足を運ばなくても、家にいながら参加できることである。時間の節約になるし、交通費も助かる。お互い合意すれば、都合のよい時間に開催できるので、参加のハードルがぐんと下がる。

まちづくりでは、20代、30代、40代の参加がネックである。わざわざ会場まで行く既存のまちづくり活動は、特に仕事を持つ世代にとっては、参加のハードルが高い。リモートなら、日々の仕事の延長線で親密感があるし、使いこなすことも容易である。

気楽で楽しいリモートのイベントや会議のやり方を工夫するといいだろう。

押されて出る仕組み

自ら手をあげて踏み出すのが難しければ、押されて出るシステムを活用したらよい。

プラーヌンクスツェレ（無作為抽出型市民参加）は、住民票から無作為抽出で選ばれた住民が、政策課題について討議し、解決策を提案する方式である。ドイツのペーター・C・ディーネル（Peter C. Dienel）博士が、1970年代に考案した市民参画の手法である。[17]

図表Ⅱ-8-1　無作為抽出型市民参加（小田原市）（出所：今井邦人氏提供）

　この会議の参加者に、「これまでにシンポジウムや審議会といった市が主催する討論の集まりや会議に参加したことはあるか」と聞いてみると、大半が「経験はない」という回答となる。つまり、この方式は、これまで参加したことのない市民を後押しする仕組みとして有効な方式なので、シビック・プライドに基づく行動にも応用できるだろう。

2 まちを興す

安心して徘徊できるまちづくり・福岡県大牟田市

　超高齢社会になって、認知症が増加しているが、そのなかでも、特に徘徊行動は、全国的な問題となっており、認知症の疑いで徘徊し、行方不明届を提出された件数は2019年で1万7,479人である。（警察庁生活安全局生活安全企画課）。認知症に対する社会全体のコストだけでも、膨大となる。

図表Ⅱ-8-2　徘徊模擬訓練（大牟田市）（出所：大牟田市ホームページ）

　福岡県大牟田市の「安心して徘徊できるまちづくり」は、徘徊高齢者を隣近所、地域ぐるみで、声掛け、見守り、保護していく仕組みを構築して、認知症になっても安心して暮らせるまちを目指すものである。「自立的・自律的ふるまい、他者への配慮、思いやり、公共的な活動、連携・協力（シビック・プライドの基本指標２参照）」といったシビック・プライドの強さが、安心して暮らせるまちづくりに直結している例である。

　大牟田市の「安心して徘徊できるまちづくり」の発端となった駛馬南校区の「はやめ南人情ネットワーク」は、公民館、子ども会、ＰＴＡ、老人会などの地域組織、病院やタクシー会社、郵便局、介護サービスなどの事業者等が集まり、協力・連携しながら活動などを行ってきた。ここから始まった「徘徊模擬訓練」は、駛馬南校区から全校区へ、そして大牟田市から全国へと広がっていった。

　そして、この活動のスタートも、「地域痴呆ケアコミュニティ日曜茶話会」といった交流や、昔の遊び場を思い出すワンデーマーチ（街歩き）から始まっている。

図表Ⅱ-8-3　JK課（鯖江市）（出所：鯖江市ホームページ）

JK課・福井県鯖江市

　JK課は、行政から最も遠いイメージのあった高校生、特に女子高生 (JK) をまちづくりに巻き込むプロジェクトである。

　福井県鯖江市在住または鯖江市内の高校に通う現役の女子高生たちが、まちの価値を学び、「まち・地域文化に対する肯定的な認識・評価 (シビック・プライドの基本指標3参照)」を発展させ、自分たちのまちを楽しむ企画や活動をたくさん行っている。

　JK課の活動は、平成27年度には、総務省所管のふるさとづくり大賞「総務大臣賞」、平成30年度は、国土交通所管の地域づくり表彰、「全国地域づくり推進協議会会長賞」を受賞しているが、意外にも地道な活動が多い。若者も多数参加する楽しい清掃ボランティア「ピカピカプラン」、図書館の勉強スペースの空き情報がネットで閲覧できるアプリ「Sabota」の開発などである。

　なお、このJK課は、唐突に提案されたものではなく、事実上のシビック・プライド条例である鯖江市民主役条例 (平成22年) をベースとする実践であることが重要である。

過疎を反転して人を呼び込む・徳島県神山町

　地域をよく知る地域リーダーが、地域の人たちを巻き込みながら、過疎という弱点を「まち・地域に対する肯定的な認識・評価（シビック・プライドの基本指標1参照）」に反転させて、地方創生の聖地にしたのが、徳島県神山町である。

　神山町は、徳島県東部に位置する人口約5,100人のまちである。人口は、すでに1950年から減少が始まり、1970年からの35年間で、町の人口はほぼ半減してしまった。また、中山間地域という土地柄から大規模な工場誘致は見込めず、30年ほど前に誘致した企業も撤退をしてしまった。

　ところが、この10年間で、場所を選ばない企業（ITベンチャー、映像、デザイン会社など）が、サテライトオフィスを開くようになった。

　ITインフラが整備された町の環境をベースに、過疎や空き家という弱点を安い賃料、豊かな自然という地域資源に反転させ、そのなかでの「職住近接」というまちおこしを行った成果である。神山町の視察者は、今日では、日本国内にとどまらず、中国や東南アジア等からも来るようになっている。

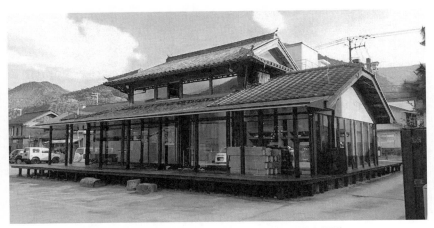

図表Ⅱ-8-4　神山町サテライトオフィス・えんがわ（筆者撮影）

魚河岸シャツ・静岡県焼津市

　静岡県焼津市の魚河岸シャツプロジェクトは、これまで注目されていなかった地元着・魚河岸シャツを「まち・地域文化に対する肯定的な認識・評価（シビック・プライドの基本指標3参照）でとらえ直した活動である。

　焼津市は漁業のまちであるが、魚河岸シャツは、もともとは、もらった手拭いを縫い合わせてつくったシャツなので、やや野暮ったく、一部のおじさんと子どもが、「家着」として着ていた。

　これを地域の資源・価値だと考えた若者が、色を付け、おしゃれにデザインして、従来の枠を超えた新しい魚河岸シャツをつくった。その結果、魚河岸シャツは、「街着」としても広く着られるようになった。

　これは産業振興でもある。魚河岸シャツが認知されてくるとデザイナーが生まれ、それをつくるメーカーができ、それを売る販売店ができてくる。

　魚河岸シャツを盛り上げようと、市役所や信用金庫では、魚河岸シャツを夏のクールビズにしている。焼津市役所では、「焼津の夏、焼津らしさ」をPRすることを目的に、平成18年度から採用されている。

図表Ⅱ-8-5　魚河岸シャツ（焼津市役所）（出所：焼津市役所提供）

9 シビック・プライドをもとに 自治体の仕事を見直す

シビック・プライドを推進するための新しい政策・施策をつくるとともに、これまで行ってきた政策・施策をシビック・プライドの観点から見直し、再構築してみよう。

1 愛着、誇り、共感という観点から、これまでの仕事を見直す

ガバメントからガバナンスへ

この見直しの基本にあるのは、ガバメントからガバナンスへの発想の転換である。

ガバメントでは、行政は統治する主体、市民は統治される対象という関係になるが、これに対して、ガバナンスは、行政、市民、企業等の多様な主体が相互に協働関係を持ちながら、社会や地域の問題解決に向かって、役割を担いあう統治スタイルである。地方自治の仕組みをガバナンスと考えることで、自治経営におけるシビック・プライドの意義が、はじめて理解できることになる（Ⅰ-5「シビック・プライド政策の理論」参照）。

地方分権は、ガバメントからガバナンスへ転換させる改革である。行政、議会は、主権者としての市民から信託された役割を十分に発揮するとともに、市民は、公共の担い手として、愛着、誇り、共感に基づくまちづくりを行うことになる。

守りの自治体から逃げない自治体へ

　住民、市民組織（NPO、地域団体など）、企業や大学などが、シビック・プライドに基づくまちづくりに取り組むには、行政の前向きな姿勢、積極的な後押しが欠かせない。

　その際には、次のような点が重要である。

・公平な取り扱い

　役所は公正で、不平等な取り扱いはしない、役所はルールに則って、きちんと市民を守ってくれるといった信頼が広く行き渡っていれば、市民は安心して活動できる。

・逃げない姿勢

　行政は逃げずに「一緒にやってくれる」という強い信頼があれば、市民も安心して力を発揮する。役所側の断固たる決意、逃げない姿勢も重要である。

自分の仕事から見直してみよう

　日々の仕事に追われているなかで、シビック・プライドのための新しい政策・施策を考えるのは容易ではないので、まずは、これまで行ってきた政策・施策をシビック・プライドの観点から再検討し、再構築してみるとよい。

　例えば、戸籍事務のような形式性、画一性が強い業務にも、シビック・プライドの要素を採用できる。

　婚姻届は、一般的には、茶色の書式であるが、書式は自由なので、全国の自治体で、オリジナル婚姻届を配布している。戸籍事務でも、住民がまちに対し、愛着、誇り、共感が持てるような工夫ができる。自治体の仕事は、法定の枠内で裁量の余地も多いので、自分の仕事をシビック・プライドから見直してみると、思いのほかたくさんのアイディアが出てくると思う。

シビック・プライドから考えてみよう・駅自由通路維持管理事業

図表Ⅱ-9-1　オリジナル婚姻届（大阪市西区）（出所：大阪市西区ホームページ）

　道路課所管の事業として、駅自由通路維持管理事業がある。駅利用者の通勤・通学等における利便性の向上を図るため、駅自由通路の清掃、エスカレーターやエレベーター等の維持管理が主な業務の内容である。

　これをシビック・プライドの観点から見直すとどうなるか、考えてみてほしい。

　スタートは、市民が、この駅に愛着、誇り、共感を持つにはどうしたらよいかを考えることになる。まずは利便性である。朝の通勤時間帯の階段の上り下りは、スムーズな流れになっているかなど、使いやすさ面から見直す必要がある。

　写真の駅（白岡駅）は、1日当たりの駅利用者数は約4万人であり、市内でこれほど集客できる施設は他に存在しない。市外から来る人にとっても、この駅がこのまちとの最初の出合いであることを考えると、ウェルカム機能（シティプロモーション）は、十分なのかを見直すことも必要である。

　さらには、自由通路の側面には、市民活動の掲示等も行われていて、市

図表Ⅱ-9-2　駅自由通路維持管理事業（筆者撮影）

民の広場としての機能もあるが、そうした機能を市民が知っているか、使いやすいかなどを考えていくことになる。

　こうした多面的な検討は、道路課だけでは難しいので、道路課が中心となって関係課と連携して進めていく必要がある。また、集客機能を使って、自由通路で特産品の販売などを行うことを考えていくと、役所内部だけではできないので、商工会や地域団体との連携が必要になる。

2 市民の当事者性から、これまでの仕事を見直す

当事者性からの仕事変革

　これまでは、市民は仕事の客体、公共サービスの受け手という立場であったが、シビック・プライドでは、市民は、まちや地域の当事者になっていく。この当事者となって行った体験が、愛着、誇り、共感をさらに深

めることになる。

　ここでは、市民が「自分たちのまちの未来を自分たちで描こう」という気持ちになることがポイントで、そのための制度や仕組みを用意することが、一番の知恵の絞りどころとなる。これによって、シビック・プライドは、広報機能にとどまらず、まちづくり機能にバージョンアップしていく。

　当事者性は、人それぞれなので、市民一人ひとりが自分流のやり方で、当事者性を守り育てていけるような行政の後見性、後押しがポイントになる。

当事者性のための仕組みの開発

　市民が、当事者意識を持ち、行動できる制度や仕組みの開発にあたっては、次の点に留意すべきである。
① 主体的に参加・行動できるように
　　・情報共有
　　・参加の機会
　　・協働の推進
② 信頼関係の構築のために
　　・市民の目線での市政情報・まちづくり情報の提供や公開
　　・居心地の良さ
　　・安全・安心の担保（危機管理、個人情報の管理）
　　・対話（垣根のない対話・双方向性の確保、真面目な対話）

シビック・プライドから考えてみよう・広報事業

　市民が、まちに対する思いを具体化し、行動できるようにするには、どのように、仕事のやり方を変えたらよいか。ここでは、広報事業で考えてみよう。

　例えば、広報紙の発行に当たって、次のような観点から見直すことができる。
・地域活動や企業活動などの記事を積極的に掲載し、市民や企業が主役に

なれるような広報紙とする

・地区の情報を載せる。広報誌に地区の自慢がある、地区の人が出ている、地区の人が書いている

・企業の公益的な活動の紹介。紹介されることで、企業の公益的な活動の後押しになる

・市民記者への研修会を行うなどによって、市民記者の拡充を図る。市民記者がたくさん集まったら、この人達にネットで独自広報をしてもらう。例えば、美味しい店など役所の広報誌ではできない情報提供をやってもらって、まちの魅力を市内外に伝える

・紙面構成や編集面における議論の場として、市民委員が参加する検討委員会や審議会を設置する

・広報に興味がある高校生や大学生などの若者に市民記者になってもらい、独自に市の魅力を発信してもらう

・中学生・高校生の新聞クラブ的な関心がある若者が広報誌の作成に参加する。話題になるし、今度は、親が関心を持つ

・役所の仕事を理解してもらう記事。市民から見て、あーそうなんだ的なもの。親しみを感じる記事

少し考えただけでも、たくさんのアイディアが浮かんでくる。

10 シビック・プライドの政策形式

シビック・プライドは、自治経営の基本となるパラダイムである。それを明示し、条例等の形式で担保しておく必要がある。

1 条例

条例の強み

政策実現のために法務を積極的に使うのが政策法務であるが、条例の強みをフルに使って、シビック・プライドを推進することを明確にするものである。

条例の強みは、民主性、実効性、継続性等であるが、シビック・プライドが条例化されれば、その重みが違ってくる。関係者が、これを尊重し、実効も上がってくるだろう。また、シビック・プライドは、市長の関心や時の流行に左右されやすいが、条例で定めれば、市長や議会構成が変わっても、条例廃止がされないかぎり、その政策は市の意思として続くことになる。安定的で継続的なシビック・プライド政策を展開することが可能となる。

条例の内容は、シビック・プライド促進条例といった独自条例をつくる方法と、自治基本条例等を活用する方法もある。

後者の場合、シビック・プライド推進計画を策定して、具体化するのが

一般的であるが、自治基本条例等とは重複しないようなシビック・プライドに特化した条例を制定する方式もある（豊田市）。

法律の範囲内

条例の法令適合性は、徳島市公安条例判決（昭和50年9月10日大法廷判決）が基準になる。この判決では、条例ができる場合を3つのケースに分けている。

まず、シビック・プライド条例であるが、まちに対する愛着、誇り、共感を高め、当事者性を強めることで、社会を活発化し、豊かなまちをつくることが目的である。

他方、シビック・プライド関連法は、すでに見たように、シビック・プライドを直接、規定する法律はない。2005年（平成17年）制定の地域再生法が最もシビック・プライドに近いが、この法律は、「地方公共団体が行う自主的かつ自立的な取組による地域経済の活性化、地域における雇用機会の創出その他の地域の活力の再生」（第1条）、つまり地域再生に関する法律である。

徳島市公安条例判決によれば、法律がないにもかかわらず条例を制定できる場合は、法律がない理由が、国が一律に決めるべき内容ではなく、地域の事情で地域ごとに決めるべきものか否かである。

シビック・プライドの醸成は、まさに地域に任されている内容であるので、自治体がシビック・プライド条例を制定しても、違法の問題は生じない。

理念＋基本の条例

シビック・プライド条例は、理念条例ではあるが、理念とは、単に理想を記述したものではない。理想の下に、具体的な制度・施策・仕組みも想定されている条例である。裁判規範にはならないので、その違反は裁判所に持ち込むことはできないが、行為規範として行政や議会、市民の行動の手本となる。

同時に、シビック・プライド条例は、シビック・プライド政策の土台・基盤となる基本条例でもある。この条例の上に、今後のシビック・プライド政策を進めていくために必要な施策を立ち上げていく（花開かせていく）、いわば土台としての役割を果たす条例である。

　基本条例には、3つの原則がある。
・次の施策につながるように、政策内容が記述されている
・関係者に条例の意義が十分、伝わる内容である
・実効性の仕組みがあり、使える条例となっている

デュープロセス

　シビック・プライド条例では、正しいつくり方がある。

　インターネットの時代だから、条文は行政だけでもつくれるだろう。それを議会が承認すれば、とりあえず条例はできあがる。しかし、それではこの条例は動かない。シビック・プライド条例は、市民一人ひとりが当事者になる条例であるから、市民が当事者となるようにつくることが肝要である。

　多くの市民は、シビック・プライドには関心がないので、まずは興味を持ってもらうところからスタートである。また、シビック・プライドは、わかったようでわからないところがあるので、その意義や内容をわかりやすく伝えることも必要になる。

　広報紙には、小さくてもよいからシビック・プライドの基本を知らせるコーナーをつくりたい。シビック・プライドに関連する市民の取り組みも、積極的に紹介してほしい。

　条例というと肩苦しいが、明るく、楽しくが、この条例の正しいつくり方と言える。

2 計画・宣言

　シビック・プライドが自治経営の基本となることを文書化して宣言する
方法である。宣言の形式は、計画、憲章等がある。

総合計画

　地方自治法の改正で、総合計画の策定は義務ではなくなったが、最上位
の計画として、総合計画を策定している自治体は多い。

　総合計画によって達成しようとする目的は、次のような点である。

・総合的な観点からの政策の体系化を図る
・自治体経営の将来見通しを明らかにする
・市民へ行政活動の説明をする
・限られた行政資源の効率性や有効性を重視し、行財政運営を行う

　シビック・プライド政策を総合計画に位置づけることで、全庁的に取り
組むことができるとともに、住民に対しても、重要な政策課題であること
を発信できる。

　千葉県柏市、北海道石狩市、富山県富山市等の総合計画に、シビック・
プライドが明示されている。

シビック・プライド推進計画

　シビック・プライド推進計画は、自治体の最上位計画である総合計画の
もとにあり、シビック・プライドの関連事業は、この計画のもとで戦略的
に展開していく。

　計画は、10 年間程度の長期間を展望しながら策定する必要があるが、
近年は、自治体を取り巻く社会経済情勢の変化が著しいので、5 年程度で、
一度、きちんと見直すべきである。

　この見直しが適切に行えるように、比較可能で客観的な数値による目標

設定と事業実施効果の測定が必要である。常に進捗状況を把握するとともに、これを市民にわかりやすく公表することにも配慮してほしい。

シビック・プライド憲章・宣言

　全国の自治体で多くの憲章が制定されている。市民憲章、高齢者憲章、子ども憲章、女性憲章などであるが、これと同じくようにシビック・プライドを謳う憲章である。

　また、都市宣言のように、シビック・プライドを宣言する方式もある。宣言は、自治体として何に力を入れていくのかの表明でもある。

11 シビック・プライド政策を 推進する仕組み・体制

シビック・プライド政策を総合的かつ具体的に推進するためには、体制の整備とともに、関係者と連携し、相互に協力する体制の整備を図ることが必要である。

1 シビック・プライド推進会議

　シビック・プライド政策を推進するために、市長の附属機関として、「シビック・プライド推進会議（推進会議）」を置く。推進会議は、学識者のほか、地域活動団体、NPO、企業等において、シビック・プライドに関し識見を有する者をもって構成する。

　推進会議の役割は、シビック・プライド条例を具体化する基本方針やアクションプランを策定し、定期的に進捗状況を把握することで、シビック・プライドの推進を図ることにある。形式的な会議にとどまることなく、多方面からの知恵や情報を出し合う機関としたい。

　シビック・プライド推進会議は、次に掲げる事項を所掌する。

(1) シビック・プライド基本方針の策定

(2) シビック・プライドアクションプランの策定及び進捗管理

(3) シビック・プライド基本方針及びアクションプランの評価・検証

(4) その他、シビック・プライド推進に関して必要な事項

2 庁内推進体制

シビック・プライド推進本部

　シビック・プライドを推進するため、全庁横断的な組織である「シビック・プライド推進本部」を設置する。

　この組織は、庁内各課と連携しながら、シビック・プライドに関する情報を一元的に集約するとともに、シビック・プライドを戦略的に推進する役割を担っている。

　また、全市的な組織である「シビック・プライド推進協議会」と連携をとりながら、市全体でシビック・プライドを推進していく。

専担組織の設置

　市長や副市長をトップとするシビック・プライド推進本部をつくっても、シビック・プライド政策を率先・リードする専門部署がないと、形だけ、名前だけの推進体制になってしまう。

　シビック・プライド政策係は、シビック・プライド政策の先導役・調整役である。これによって、継続的な事業展開が可能となり、より的確な情報収集、関係機関との綿密な連携・協力、即応性のあるプロジェクト事業が展開できるようになる。

　シビック・プライドは、名産品をつくり、市をPRするというレベルの話ではなく、自治経営に直結する政策であるから、担当は商工・観光ではなく、企画部で市長直属組織が好ましい。

中堅職員による組織体のリーダーシップ

　新しいテーマの場合、しばしば若手職員を中心とする検討が行われる。それも重要であるが、シビック・プライド政策は、持続可能な自治経営のために不可欠な政策なので、次の自治経営を担う中堅職員にも、関心を

持ってもらい、リーダーシップを取ってもらいたい。

　そこで、中堅職員を中心に組織を横断した組織体を設けて、シビック・プライド政策に関する施策を計画し、実行することも有効な手段である。

　この組織体が中心となり、若手職員と連携することで、そこから新たな発想や交流が生まれることが期待できる。

全庁的な職員の研修

　先進的取り組みを行っている自治体職員に共通するのは、政策テーマに対する関心が深く、事業に取り組む姿勢に熱意が感じられる点である。

　シビック・プライド政策のような新しい政策は、自治体職員一人ひとりのユニークな発想や積極的な行動が求められることから、職員を対象とした研修の実施が欠かせない。また、シビック・プライド政策は、次の時代の自治経営にとって不可欠な政策であるので、管理職に対する研修も充実する必要がある。

3 全市的推進組織

　シビック・プライドは、住民、各種団体、企業、行政などさまざまな関係者が当事者として主体的に取り組むのが基本であるが、ときには、一緒に取り組んだ方がより効果が大きい場合がある。

　「シビック・プライド推進協議会」は、住民、市民組織（NPO、地域団体など）、企業や大学、行政で構成する全市的な推進組織である。

　ともすると、形式的な連絡組織になりがちであるが、動く組織として、工夫を凝らしてもらいたい。

図表Ⅱ-11-1　シビック・プライド推進体制

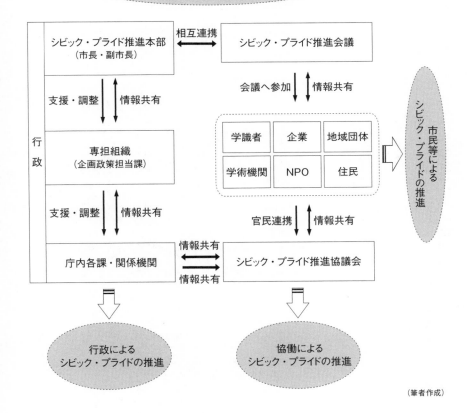

（筆者作成）

注

1 内閣府政策統括官（編集）（2002 年）『日本の社会資本—世代を超えるストック』財務省印刷局、p.2

2 平成 31 年 1 月 1 日現在、鎌倉市在住の 18 歳以上の市民のうち 2000 人を対象

3 平成 31 年 3 月 26 日の鎌倉市議会全員協議会における報告

4 加藤仁ほか（2013 年）「自己愛傾向がソーシャルサポート認知に及ぼす影響」『名古屋大学大学院教育発達科学研究科紀要』60 巻、pp.15-26

5 最判昭和 27 年 4 月 15 日民集 6 巻 4 号 413 頁

6 松下啓一ほか（2020 年）『定住外国人活躍政策の提案—地域活性化のアクションプラン』（萌書房）

7 総務省の「これからの移住・交流施策のあり方に関する検討会」では、関係人口を「移住した「定住人口」でもなく、観光に来た「交流人口」でもない、地域や地域の人々と多様に関わる者」と定義している。そのうえで、ふるさとの地域づくりに対して「貢献したいという想いを持つ」人としている。

8 焼津市自治基本条例第 18 条（まちづくりサポーター）「市長は、焼津市以外に住んでいる焼津市出身者、焼津市にゆかりのある人及び焼津市のまちづくりを応援してくれる人又は法人その他の団体で希望するものが焼津市まちづくりサポーターとしてまちづくりに関わってもらえるよう努めます。」

9 若者政策を展開している新城市が、2015 年度から実施している事業。20 歳の成人式から 5 年が経ち、就職・結婚・出産などさまざまな経験をした 25 歳が、生まれ育った愛着のあるまちに一堂に会し、地元への意識・同年代とのつながりを再構築するイベント。

10 すでに見たように、相模原市の条例は、2021 年 3 月に制定された。名称はシビックプライド条例であるが、シティプロモーションの色彩の強いものとなった。市長の「相模原市というものを皆さまに、もっと知ってもらいたい」という思いが反映した結果とも考えられる。

11 入会・年会費は無料。会員数は 2,300 名を超えている。

12 例えば、名刺が 100 枚利用されると、飛騨市ふるさと納税返礼品「寄附金額 3 万円相当の特産品」から 1 品がプレゼントされる。

13 レイ・オルデンバーグ（2013 年）『サードプレイス—コミュニティの核になる「とびきり居心地よい場所」』みすず書房

14 相模原市南区の若者たち（若者参加プロジェクト）が企画・運営する南区づくり交流会・産学官連携プレゼン大会（アイディアコンペ）である。相模原市南区にあるまちづくりに活かせる資源をアレンジして、具体的なプランを提案する。2020 年度で第 7 回となる。若者たちの取り組みについては、松下啓一（2020 年）『事例から学ぶ 若者の地域参画 成功の決め手』（第一法規）参照

15 送迎保育ステーションと市内の指定保育所（園）を安心・安全のバスで結び、登園・降園することがでるシステム。おおたかの森駅と南流山駅に設置している。

16 つくばエクスプレス沿線整備の 5 つの区域内及び市内全域の流山市開発指導等要綱に規定する開発事業で個々の開発事業における「緑の価値」づくりの取り組みを支援し、その取り組みを連鎖させることで、緑豊かな街全体の環境価値を創造するもの。

17 松下啓一（2013 年）『熟議の市民参加—ドイツの新たな試みから学ぶこと』（萌書房）。考案者のディーネル博士の息子であるベルリン工科大学のハンス・リウガー・ディーネル博士に、プラーヌンクスツェレの適訳を尋ねたところ、「Citizens' Jury」（市民陪審）がふさわしいとのご意見だった。

III

シビック・プライド条例
（試案）

シビック・プライド条例の試案をつくってみた。
条例化の際に、参考にしてもらいたい。

◤ 前文

> 　自分たちのまちの魅力を語り、そのなかで、**市民一人ひとりが、まち
> に愛着、誇り、共感を持ちつつ、まちの一員として、まちや地域のた
> めに、存分に力を発揮できる、そんなまちを目指すことを高らかに宣言
> する。**

　シビック・プライドがなぜ重要なのか、なぜ条例化するのか、その意義
や背景を高らかに宣言してほしい。

○参考例
「WE LOVE とよた」条例
　私たちのまちは、多様な魅力にあふれたまちです。
　それは、豊かな自然とその恵み、栄えある歴史と受け継がれてきた伝統、
多彩な文化、世界に誇るものづくりの技術や技能、盛んな芸術やスポーツ、
市民の活発な活動、多くの人々を受け入れ認め合う風土、都市部と山村部
の共存と交流などです。
　私たちは、その魅力に改めて気付き、共に絆と信頼を深めながら、愛情
と誇りを持って行動し、魅力にあふれたまちを次の世代に引き継いでいき
たいと願っています。そして、人や地域が優しさでつながり、多様な楽し
みを尊重し分かち合うことで、誰もが幸せを感じる「わくわくする世界一
楽しいふるさと」を目指していきます。
　私たちは、こうしたことを「WE LOVE とよた」の取組とし、持続可能
なまちを実現するために、このまちに関わる全ての人々と共に推進してい
くことを決意し、この条例を制定します。

1 目的

市民がまちに対して愛着、誇り、共感を持ちつつ、まちの当事者として、市民の知恵と力を存分に発揮することで、豊かで暮らしやすいまちの実現を図る。

シビック・プライドの政策化によって、何を目指すのかを端的に記述する。目的規定が、この条例の出発点であり、また土台でもある。この規定は、時間をかけ、十分議論してほしい。

2 基本となる用語（定義）

(1) シビック・プライド
市民の湧き上がる内発力（愛着、誇り、共感）及び当事者性で、まちや市民の暮らしをより良くしていこうという考え方。
(2) まち
市民の生活を支え、便利で、より人間らしく暮らしていくための社会的共通資産。建物や道路、公園などとともに、人への思いやり、安全・安心、やさしさ、ふれあいなども含まれる。
(3) 市民
市内に居住し、通勤し、又は通学する個人及び市内において事業若しくは活動を行う個人又は法人その他の団体。

定義規定は、言葉の意味が曖昧なもの、誤解を受けやすい用語を明確にするのが一義的な意義であるが、条例の基本的な用語、キーワードを最

初に紹介することで、この条例が目指す内容を理解してもらう役割もある。条例の見出しを（基本となる用語）とすることも考えられる。

○参考例

さがみはらみんなのシビックプライド条例

（定義）

第2条　この条例において、次に掲げる用語の意義は、当該各号に定めるところによります。

（1）シビックプライド　相模原市に対する誇り、愛着及び共感を持ち、まちのために自ら関わっていこうとする気持ちのことをいいます。

3 基本理念

> シビック・プライドの推進は、次に掲げる事項を基本理念として行うものとする。
>
> （1）市民は、まちの魅力や価値を知り、まちに対する愛着、誇り、共感を持ちながら、まちを守り、創りあげ、次の世代に引き継いでいくこと。
>
> （2）市民は、まちづくりの当事者として、自ら考え、理解し、行動していくこと。
>
> （3）市民及び市が、それぞれの役割を果たすとともに、相互の理解と連携のもとに、連携、協力して取り組むこと。

シビック・プライドの政策化をどのように進めるのか、その考え方をわかりやすく示したものが基本理念である。

○参考例

「WE LOVE とよた」条例

（基本理念）

第1条　私たちは、次に掲げる事項を「WE LOVE とよた」の取組の基本
とし、自らの意思で行動していきます。

(1) 互いを尊重しながら、とよたの魅力を自由に楽しみます。

(2) とよたの魅力を周りの人々に伝え、共に楽しみます。

(3) 互いに協力しながら、とよたをもっと楽しくします。

鯖江市民主役条例

（基本理念）

第2条　わたしたちは、まちづくりの主役は市民であるという思いを共有
し、責任と自覚を持って積極的にまちづくりを進めます。

2　わたしたちは、まちづくりの基本は人づくりであることを踏まえ、そ
れぞれの経験と知識をいかし、共に学び、教え合います。

3　わたしたちは、自らが暮らすまちのまちづくり活動に興味、関心を持
ち、交流や情報交換を進めることで、お互いに理解を深め、協力し合い
ます。

4　市は、協働のパートナーとしてまちづくりに参加する市民の気持ちに
寄り添い、その意思を尊重するとともに、自主自立を基本とした行政運
営を進めます。

4 関係者の役割

1. 市民は、まちや地域に対する関心を深めるとともに、シビック・プ
ライドの推進に取り組み、市民及び市が実施する施策に積極的に

> 参加し、協力するよう努める。
>
> 2. 市は、シビック・プライド政策の実現に向けた制度や仕組みの設定、参画や活動の機会、その他、シビック・プライド政策を推進するために必要な措置を講じる。

　シビック・プライド政策は、行政だけでは実現ができず、住民、市民組織（NPO、地域団体など）、企業や大学などの各主体が担い手となって、日常の活動を通じて進めていくことが基本となる。行政はシビック・プライド政策推進の当事者であるとともに、まちや地域の人たちのシビック・プライドの活動を支援するコーディネーターでもある。

○参考例

大洲市おもてなし条例

（市の責務）

第4条　市は、前条に定める基本理念（以下「基本理念」という。）にのっとり、おもてなしに関する施策（以下「施策」という。）を講じ、これを総合的に実施します。

2　市は、市民及び団体によるおもてなしの推進のための自主的な取組の促進を図るため、市民及び団体に対し、相互の連携の推進、情報の提供、啓発活動その他の必要な支援を行います。

3　市は、施策の実施に当たっては、その効果的な実施を図るため、国、県及び他の地方公共団体並びに関係団体との連携を図ります。

（議会の役割）

第5条　議会は、基本理念にのっとり、おもてなしの心を育む地域づくりの発展のため、市民及び団体の意思並びに来訪者の意見を的確に把握し、施策の積極的な立案及び提言に努めます。

（市民の役割）

第6条　市民は、自らがおもてなしのまちづくり推進の担い手であること

を心掛け、来訪者を温かく迎えるとともに、地域、職場、学校等あらゆる場でおもてなしに努めるものとします。

2　市民は、基本理念にのっとり、おもてなしに関する取組に協力するよう努めるものとします。

（団体の役割）

第7条　団体は、自らがおもてなしのまちづくり推進の担い手であることを心掛け、来訪者を温かく迎えるとともに、それぞれの事業活動において、おもてなし活動の実践に努めるものとします。

2　団体は、基本理念にのっとり、市が実施する施策に協力し、市、議会、市民及び団体相互で協働しておもてなし活動を推進するとともに、市の魅力を発信するよう努めるものとします。

焼津市自治基本条例

（まちづくりサポーター）

第18条　市長は、焼津市以外に住んでいる焼津市出身者、焼津市にゆかりのある人及び焼津市のまちづくりを応援してくれる人又は法人その他の団体で希望するものが焼津市まちづくりサポーターとしてまちづくりに関わってもらえるよう努めます。

5 基本計画（基本方針及び計画の策定）

1. 市長は、シビック・プライドの推進に関する施策を総合的かつ計画的に実施するための計画（シビック・プライド推進計画）を定める。
2. シビック・プライド推進計画は、次に掲げる事項を定める。
(1) シビック・プライドの推進に関する基本的な方針
(2) 前号にかかげる基本的な方針を具体化する施策の内容

（3）前2号に掲げるもののほか、シビック・プライドを総合的かつ計
画的に推進するために必要な事項

　シビック・プライド政策のアイディアや実践は、実績や経験の上に、
次々に展開されていくから、後の運用のなかで弾力的に動ける形式として、
推進計画方式が好ましい。この推進計画は、シビック・プライドの推進
の主体である住民、市民組織（NPO、市民団体など）の声を反映させながら、
策定することが必要である。

○参考例

「WE LOVE とよた」条例

（行動計画）

第2条　私たちは、「WE LOVE とよた」の取組を推進していくために、次
に掲げる事項について行動計画を作ります。

（1）とよたの魅力を知り、これを暮らしに取り入れ、発信し、高めてい
くこと。

（2）「WE LOVE とよた」の取組への理解と共感の輪を広げていくこと。

6 まちの学び

　市民は、まちの歴史や価値を自ら進んで学ぶことを通して、シビッ
ク・プライドの醸成に努めるものとする。

　市民自らが、まちの資源や価値を発見し、知ることで、愛着や誇り、共
感は深まり、まち・地域が自分事になって、当事者性が生まれてくる。

○参考例

鯖江市民主役条例

（ふるさと学習）

第3条　わたしたちは、ふるさとを愛する心を育むとともに、先人から受け継いだ郷土の歴史、伝統、文化、産業、自然、環境等を、自ら進んで学ぶふるさと学習を進めることにより、家庭、地域、学校が連携しながら、子どもも大人も一緒に人づくりに努めます。

7 情報の共有・発信

> 　市民及び市は、互いの活動を理解し、シビック・プライド政策を推進するため、自らが行う活動に関する情報を発信し、共有するよう努めるものとする。

　シビック・プライド政策を推進するため、シビック・プライドに関する情報（参画の機会、人材、活動場所、交流等）を積極的に収集するとともに、受け手の事情に応じて、多様な手段により、効果的に情報を提供する。

○参考例

鯖江市民主役条例

（情報の集約、発信）

第9条　わたしたちは、市民主役のまちづくり施策を効果的に進めるため、ふるさと産業、地域づくり、ボランティア、市民活動等それぞれの分野で情報を集約し、広く発信していくための仕組みづくりや拠点づくりに努めます。

（市民と行政の情報共有）

第10条　市は、積極的な情報公開や情報提供の運用を進めるとともに、パブリックコメント、審議会、タウンミーティング、ワークショップ等を通じ、市民との間で情報の共有化、活用を図るよう努めます。

8 普及・啓発

市は、シビック・プライド政策の推進に関し、市民の関心を高め、その理解と協力を得るとともに、市民が取り組むシビック・プライドの活動を促進するため、必要な広報活動及び啓発活動を行うものとする。

住民、市民組織（NPO、地域団体など）、企業や大学及び行政は、シビック・プライドの考え方や情報（参画の機会、人材、活動場所、交流等）を積極的に広報・啓発するように努める。

9 表彰・顕彰

市長は、シビック・プライドの推進に関し、次の各号に掲げる優れた活動を行ったと認める個人又は団体を顕彰する。
(1) 長年にわたり、シビック・プライドを推進する活動を自主的に行っていると認められる個人又は団体
(2) シビック・プライドを推進する活動において、模範となったと認められる活動を行った個人又は団体
(3) 前2号に定めるもののほか、市長が特に表彰することが適当と認めた個人又は団体

シビック・プライドの実践を行っている住民、団体、企業等を表彰するものである。社会的誘因によって、シビック・プライドの推進を図るものである。

10 行動する市民を支える仕組み

市は、市民のまちに対する愛着、誇り、共感をもとに、市民一人ひとりがまちづくりの当事者として、さまざまな主体と協調しながら、自主的にシビック・プライドの推進に取り組むことができるように、情報提供、参加、交流等の機会の提供を行い、これらを安定的に実施できる仕組みの整備を講じるものとする。

市民による自主的な活動によって、市民の間でシビック・プライドが高まり、その輪が広がって、まちのシビック・プライドが高まっていくという好循環となっていく。市は、市民の内発性、当事者性に基づく行動を後押しする制度、仕組みの整備を行う。

○参考例

鯖江市民主役条例

（地域づくり）

第7条　市民は、市民主役のまちづくりの基盤である地域の個性をいかすとともに、世代、性別等を越えたさまざまな立場の人々が助け合い支え合いながら、継続して活動していくことのできる自主自立の地域づくりに努めます。

▎11 市の財政支援等

> 1. 市は、市民が取り組む活動であって、シビック・プライドの推進に資すると認めるものに対して、予算の範囲内において、必要な財政上の措置を講ずるものとする。
> 2. 市は、市民が、シビック・プライドの推進に関する活動に取り組むに当たって必要があると認めるときは、管理する施設、設備及び物品の貸付け等の措置を講ずるものとする。

　市は、財政、場所、機会等の支援を行う。活動拠点では、施設や設備を利用するほか、活動に関する情報を収集・提供、学習の機会、相互交流の機会、相談等も行う。

▎12 推進体制等

> 1. 市は、シビック・プライド政策を推進するために、市長の附属機関として、シビック・プライド推進会議（推進会議）を置く。
> 2. 推進会議は、シビック・プライド政策に関し識見を有する者をもって構成する。

　シビック・プライド条例をつくっただけにせずに、進捗状況を把握・評価し、シビック・プライドの推進を後押しする仕組みである。これは、形式ではなく、大勢の知恵や情報を出し合う実践的な機関としたい。

13 条例の見直し

市長は、4年に一度、シビック・プライド推進会議に諮り、条例の見直しを行わなければならない。

見直しは、あらためて条例の意義や推進計画の進捗状況等を確認するよい機会である。シビック・プライドを推進するため、見直しの機会を積極的に活用していくべきである。

おわりに

シビック・プライドは、何となくイメージできるが、施策化が難しい政策課題である。それは、シビック・プライドが、内発性（愛着、誇り、共感）、当事者性を内容とする政策であることに起因する。この愛着、誇り、共感及び当事者性の客観化が難しいのだと思う。

また、シビック・プライドには、独自の危うさもある。シビック・プライドは、下手をすると精神論になったり、お仕着せに堕してしまう。シビック・プライドは、自己愛や優越意識に連なるので、気を抜くと、偏狭なパトリオティズムに陥ってしまうおそれもある。

こうした問題意識から、本書では、このシビック・プライド政策の理論と政策化に焦点を絞って論述した。

理論では、シビック・プライドを新しい公共論・協働論から組み立て、社会資本にふさわしい客観化、見える化に注力した。

政策化では、シビック・プライド政策は、先行事例がほとんどないことから、全体像がよく見えない、どこから取り組んだらよいかわからないといった不安や疑問があると思う。そこでできる限り事例も交えて、具体的に論述した。また、条例案もつくってみたので参考にしてほしい。

新型コロナウイルス騒動では、さまざまな課題が顕在化したが、改めて、日本の政治・行政システムの脆弱性が、白日のもとにさらされてしまった。その再構築が急務であるが、シビック・プライドは、政治・行政システムを基礎から組み立て直すのに有用なパラダイムである。本書を手がかりに、シビック・プライド政策のさらなる深化、普遍化が進められることに期待したい。

松下 啓一（まつした・けいいち）

地方自治研究者・実践者（元相模女子大学教授）。1951年生まれ。専門は現代自治体論（まちづくり、協働、政策法務）。26年間の横浜市職員時代には、総務・環境・都市計画・経済・水道などの各部局で調査・企画を担当。近著に『励ます令和時代の地方自治——2040年問題を乗り越える12の政策提案』木鐸社『事例から学ぶ 若者の地域参画 成功の決め手』第一法規。編著に『選挙はまちづくり——わかりやすく・おもしろく 公開政策討論会条例ができるまで』イマジン出版など。

市民がつくる、わがまちの誇り
──シビック・プライド政策の理論と実際

発行日　　2021 年 7 月 21 日　初版第一刷発行

著　者　　松下 啓一
発行人　　仙道 弘生
発行所　　株式会社 水曜社
　　　　　〒 160-0022 東京都新宿区新宿 1-14-12
　　　　　TEL.03-3351-8768　FAX.03-5362-7279
　　　　　URL suiyosha.hondana.jp
装幀・DTP　小田 純子
印　刷　　日本ハイコム 株式会社

全国の書店でお買い求めください。価格はすべて税込（10％）